MAESTRIA PESSOAL

Prática de Empreendibilidade
Como Orquestrar sua Sinfonia Interior

Enildo de Oliveira

MAESTRIA PESSOAL

Prática de Empreendibilidade
Como Orquestrar sua Sinfonia Interior

Copyright© 2005 by Enildo de Oliveira

Todos os direitos desta edição reservados à Qualitymark Editora Ltda.
É proibida a duplicação ou reprodução deste volume, ou parte do mesmo,
sob qualquer meio, sem autorização expressa da Editora.

Direção Editorial SAIDUL RAHMAN MAHOMED editor@qualitymark.com.br	Produção Editorial EQUIPE QUALITYMARK
Capa WILSON COTRIM	Editoração Eletrônica UNIONTASK

CIP-Brasil. Catalogação-na-fonte
Sindicato Nacional dos Editores de Livros, RJ

O48m Oliveira, Enildo, 1937-
 Maestria pessoal: prática de empreendibilidade: como orquestrar sua sinfonia interior/Enildo de Oliveira – Recife: Qualitymark, 2005.

 1. AUTO-REALIZAÇÃO. 2. SUCESSO – ASPECTOS PSICOLÓGICOS. 3. SUCESSO NOS NEGÓCIOS. I. Título.

CDU 159.923.3

2005

IMPRESSO NO BRASIL

Qualitymark Editora Ltda.
Rua Teixeira Júnior, 441
São Cristóvão
20921-400 – Rio de Janeiro – RJ
Tel.: (0XX21) 3860-8422

Fax: (0XX21) 3860-8424
www.qualitymark.com.br
E-Mail: quality@qualitymark.com.br
QualityPhone: 0800-263311

*Este livro é dedicado a todas
as pessoas que têm dentro de si
o desejo e a motivação para crescer*

Para Keyla, minha mulher

Apresentação

Ao ser convidado por Enildo a elaborar a apresentação deste livro, lembrei-me de alguns pontos de sua personalidade que, durante os trinta anos de nossa convivência, mostraram-se a cada dia nítidos. Perspicaz, intuitivo, criativo, flexível, entusiasmado – todos esses termos o descrevem. Pode, às vezes, ser chamado de idealista e sonhador, no entanto, é capaz de deter essas tendências quando a situação o exige.

Em Maestria Pessoal, Enildo lança uma nova luz sobre esse tema, identificando as características que podem levar uma pessoa ao sucesso profissional. O livro revela importantes lições aprendidas numa linguagem clara e sem jargões. As metáforas não são usadas como um artifício de linguagem para melhorar o discurso, mas uma forma de "ler e interpretar" os diferentes aspectos que se unem e se complementam dentro da realidade organizacional, por mais paradoxal que esta possa parecer.

Quando constata que "a esperança de um mundo melhor coexiste com esse quadro de mundo em derrocada", o autor encoraja e valoriza uma abertura e flexibilidade que aceita erros e incertezas como um aspecto inevitável da vida em ambientes complexos e mutáveis.

Enfim, o livro prático e fácil de ler, poderá auxiliá-lo a superar a relutância, assumir responsabilidades e obter o sucesso almejado como pessoa e como profissional.

FERNANDO BARBOSA DE AZEVEDO
Psicólogo, consultor organizacional

Pressupostos

*"O que for a profundeza do teu ser, assim será teu destino.
O que for o teu desejo, assim será tua vontade.
O quer for a tua vontade, assim serão teus atos.
O que forem teus atos, assim será teu destino."*
Brihadaranyaka Upanishad

▶Prefácio◀

"Nada posso lhe dar que já não exista em você mesmo." Posso, contudo, indicar um caminho, o caminho da busca que começa em você, redescobrindo potencialidades adormecidas.

Maestria Pessoal é parte integrante do ser humano na busca da auto-realização, no compreender o seu significado, no saber ouvir e ser ouvido, questionar, transcender, criar e produzir. O que é Maestria Pessoal? É autogestão, autoliderança? Maestria é mais; está presente em todos os nossos momentos, dos mais simples aos mais inusitados. Ela acontece quando aprendemos a doar e receber, a perdoar e ser perdoado, compreender uns aos outros, servir, ser empática, produzir resultados, buscar excelência.

Como os músicos da antiga Veneza – que transmitiam sua arte aos jovens, de geração a geração, para que a música se perpetuasse em inacabável sinfonia de vida –, pretendo compartilhar a maestria dos grandes mestres com você, que também é capaz de reger a sua sinfonia interior. Não existe um caminho novo neste trabalho; só trilhas já traçadas pelos maestros do conhecimento humano que nos ensinam através desta teia global de informação compartilhada. Apenas elaborei um **mapa** visando orientá-lo na confrontação com as mudanças emergentes. O **território** será o lugar por onde você iniciará uma nova trilha, ao lado daqueles que nos emprestaram seu saber e paixão no jeito de caminhar.

Na coleta dos dados e busca das informações que enriqueceram este trabalho, considerei o novo e o velho, o pequeno e o grande, o conhecido e o desconhecido. Autores como Maslow e Peter Drucker, que muito me influenciaram no início da carreira, surpreenderam-me pela consistência das suas teorias e práticas, pressupostos e premissas ensinados no mundo inteiro. Ainda são e serão referências e padrões para esta nova fase da dinâmica do crescimento pessoal e organizacional.

Princípios que permanecerão vivos nas nossas abordagens e nos nossos valores, talvez ainda não integralizados. O que importa é que o novo e o velho – quando se encontram – não mais se confrontam. Criam sinergia.

Reli com mais prazer Marilyn Ferguson, como se estivesse estudando um novo livro. Reestudei Capra, Drucker, Leif Edvinsson, Peter Senge, Carl Sagan, porque eles fazem parte da teia deste livro, da vida, deste universo que está contido numa casca de noz. Como a globalização das nossas idéias, somos efeito dos velhos e novos paradigmas que flutuam de gerações em gerações. Estamos todos adotando conceitos novos de idéias antigas e inserindo o antigo no novo.

De Masi inspirou novos momentos de reflexões sobre o trabalho e o ócio. Stephen Covey demostrou que com sete hábitos muda-se uma pessoa, se isto fizer ressonância com o seu significado. Assim fui buscando o saber nas teorias do desenvolvimento humano, em Damásio, em Viktor Frankl... Percebi a força da logoterapia. E que é preciso buscar o sentido da vida no processo inusitado da própria vida. Nessa procura, o homem pode se tornar o seu próprio criador. Busquei em Naisbitt os fundamentos da nova teoria organizacional. Percebi que "o recriar-se" é uma bela sinfonia inacabada que toca o coração dos homens do conhecimento, insinuando-os a jamais finalizarem "a sonata do saber", do crescer, na interação humana. Aprendi com Charles Handy, Denis Waitley tomando emprestado suas concepções filosóficas e humanas que jamais esquecerei. Percebi que elas estão todas próximas da Liderança e da Maestria Pessoal, porque são inseparáveis parceiras da gestão.

Diverti-me escrevendo este livro. Senti que tudo que o homem precisa está nos escritos e também nos seus próprios achados – internos e externos –, proporcionados pela sua visão, sonho, crenças, valores, desejos. E que estão cada vez mais perto de nós. Que belo século! Esforcei-me na síntese do que poderia oferecer a você. Escolhi como pressupostos aquilo que pude experimentar, sentir, gostar, praticar, compartilhar. Fiquei triste quando percebi o quanto defasado estava e estou em função das idéias aqui apresentadas. Aprendendo, apropriei-me desses saberes, transformando-os em ação, esperando que eles possam impulsioná-lo na busca proativa do saber. O saber ser, saber fazer e saber ter. Porque este é o processo da vida.

Aprendendo a ser maestro de si mesmo, sua tarefa eterna e gratificante, você poderá enriquecer mais a sua vida interior e exterior. Este é o meu desejo, que também poderá se tornar o seu. E quando se cansar ou ficar um pouco desiludido, naqueles dias em que achar que nada dará certo, RECOMECE. Sinta-se grande como os homens que nos emprestaram seus conhecimentos. Agradeça-lhes por terem conseguido tocar sua alma. Como diz Covey: "Tocar a alma do outro ser humano é pisar em solo sagrado". Este livro não tem esta pretensão. Cabe a você tocá-la, assim como seu coração e sua razão. Lembre-se, de que "a liberdade sempre traz consigo o preço da responsabilidade". E que a MAESTRIA PESSOAL é um processo no qual estão incluídos estes princípios universais.

Deixo com você uma expressão de Stephen Hawking, autor de "O universo numa casca de noz":

"'Eu poderia viver recluso numa casca de noz e me considerar rei do espaço infinito'. Hamlet talvez quisesse dizer que, embora nós, seres humanos, sejamos muito limitados fisicamente, nossas mentes estão livres para explorar todo o universo e para avançar audaciosamente para onde até mesmo jornada nas estrelas teme seguir'..."

Hawking é o maior exemplo vivo da verdadeira
MAESTRIA PESSOAL

Enildo de Oliveira

▶Sumário◀

Capítulo 1	Ver Diferente	1
	Uma questão de paradigma	1
	Vencendo bloqueios	2
Capítulo 2	A Primeira Transformação	19
	Do Cosmo ao significado	19
	Ondas da civilização	21
	Uma pausa para refletir e agir	22
	O presente	23
Capítulo 3	Nas Pegadas do Futuro	37
	Visão do futuro	37
	Futuro incontrolável	41
	Futuro controlável	42
	Profecias que moldam o futuro	43
Capítulo 4	Tecendo Caminhos	55
	Fazendo acontecer	55
	Proatividade	58
Capítulo 5	O Ambiente Relevante	71
	Mundo em transformação	71
	Mundo organizacional	73
	Novo trabalho	75
	Como catedrais	79
Capítulo 6	O Triunfo do Indivíduo	89
	A segunda renascença	89
	"Entrepreneurs"	90
	"Intrapreneurs"	93
Capítulo 7	Você "Incorporation"	107
Capítulo 8	Recomeçar	129

Todos os livros começam pelo começo.
Como a vida!
Como na vida, as coisas também
podem e devem ser diferentes.
Por isso, gostaria que você iniciasse esta leitura
pelo final do livro.
É uma pequena mudança!
Por favor, avance para a página 144

Leia o texto.
Sua jornada começará com o que os cientistas chamam
"Mudança de Paradigmas",
a maneira como você interage com o mundo
e consigo mesmo.

*"Todo ato de criação é,
em primeiro lugar,
um ato de destruição."*
Picasso

Capítulo 1

▶Ver Diferente◀

"Tudo muda, e nós, parte da criação, também temos de sofrer mudança."
Ovídio

Uma questão de paradigma

"Durante milhares de anos, as pessoas acreditavam que o sol girava em torno da terra. Tão difundida e firme era esta crença que todos a tomavam como 'realidade'. No século XVI, porém, Copérnico apresentou a idéia radicalmente diferente de que a terra girava em torno do sol. Sua teoria não foi imediatamente aceita. Foi preciso um século de brigas e discussões até a antiga 'realidade' ser abandonada e adotada a nova 'realidade'.

Esta inversão radical na concepção do Universo não aconteceu porque alguém descobriu algum dado fundamentalmente novo e sim porque os dados já existentes foram reinterpretados. O movimento dos planetas certamente não mudou; o que mudou foi a perspectiva conceitual através da qual seu movimento era observado.

> Um paradigma é como uma 'superteoria': proporciona um modelo básico da realidade para a ciência em questão.

Os cientistas referem-se a esse processo como a criação de um novo paradigma, um termo cunhado pelo filósofo e historiador da ciência Thomas Kuhn. (...) A palavra 'paradigma' (do grego, que significa 'padrão', 'parâmetro', 'modelo') foi usada por Kuhn para designar o arcabouço teórico dominante ou o conceito de pressupostos subjacentes a uma ciência qualquer. Um paradigma é como uma 'superteoria': proporciona um modelo básico da realidade para a ciência em questão, determinando o modo como o cientista irá raciocinar e teorizar, o modo como as observações experimentais serão interpretadas.

Uma vez aceito, um paradigma raramente é contestado e geralmente torna-se um dogma científico que se perpetua a si mesmo. Como resultado, os cientistas tendem então a aceitar somente os fenômenos que se enquadram no modelo e a rejeitar todos os que não se coadunam. Entretanto, há momentos em que os fenômenos que não se enquadram no paradigma se tornam tão firmes e instituídos que não podem mais ser ignorados. Isso resulta no que Kuhn chamou de 'paradigma shift', uma mudança de paradigma.

Embora Kuhn tenha originalmente apresentado a noção de paradigma em relação ao pensamento científico, suas idéias foram aplicadas a muitas outras áreas: educação, economia, sociologia, política, saúde e a nossa visão de mundo em geral. Os princípios também podem ser aplicados ao modo como nós percebemos a 'realidade' e ao modo como nos relacionamos com nós mesmos?"

Peter Russel

Vencendo bloqueios

Refletindo sobre seus paradigmas
Interligando estes nove pontos você irá se descobrir ou descobrir como descobre.

Instruções:

Interligue os nove pontos.

- Use apenas quatro linhas retas.
- Não levante o lápis do papel.
- Não passe o lápis mais de uma vez por uma linha já traçada.
- Não passe adiante sem tentar.

Se após dois minutos você não conseguir ligá-los, continue.

Conseguiu interligá-los?

Se já conhece o exercício, aproveite para aprender um pouco mais.

As pessoas que nunca fizeram este exercício têm normalmente dificuldades para encontrar a solução, além dos óbvios bloqueios – medo de errar, dificuldades de seguir instruções, etc. O maior problema é que todas as pessoas, talvez como você, buscam a solução limitando o seu campo de experimento dentro de um quadrado imaginário, subjetivo. O pressuposto básico é: devo interligar os nove pontos sem sair deste "quadrado"? O novo é abdicar dos velhos paradigmas.

Eis o quadrado imaginário.

Dentro deste pressuposto, você criou o seu próprio bloqueio – veja que as instruções não falam em quadrado. No momento em que criou um quadrado e se inseriu dentro dele, você bloqueou sua criatividade e sua liberdade de escolha, porque não existe solução para o exercício dentro desta premissa imaginária. A solução está fora do quadrado.

É uma mudança de paradigma. Agora, mais uma chance. Tente sair do quadrado. Dê asas a sua imaginação, experimentando, usando toda a sua liberdade de escolha.

Não passe para a página seguinte antes de tentar, antes de se inserir num novo paradigma. A vida é assim, cheia de mudanças – a única realidade constante da vida.

Para ajudar sua compreensão sobre a capacidade perceptiva do homem – esse sentido nato de organização das coisas –, veja a próxima figura.

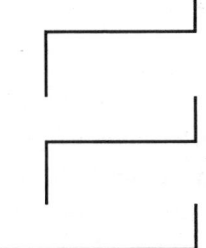

Qual é esta figura? A letra "E", naturalmente. Veja como a natureza organizadora da sua percepção o ajudou! A letra é vista claramente, não obstante a falta do contorno. Sua mente criou uma imagem de um "E", quando são apenas traços sem conexão.

Há, ainda, aqueles estímulos que os psicólogos chamam de figura-fundo, os quais você percebe como duas coisas simultâneas, como a figura ao lado.

Ora é um cálice, ora dois perfis.

Veja esta outra figura:

O que ela representa para você?

Pode ser um pássaro, pode ser um ponto de interrogação. Se você virar a figura de cabeça para baixo, verá, ainda, uma bela foca brincando com uma bola.

Veja a solução do exercício.

Uma rápida explicação, para você não ficar frustrado, nos é oferecida pela psicologia gestáltica. Ela esclarece que o ser humano tende a perceber as coisas em totalidades organizadas. Por causa disso, você caiu na armadilha de ver os pontinhos organizados como um quadrado, dando um significado à figura, mas criando um bloqueio perceptual. A vida é assim, você institui seus próprios bloqueios, mas também pode se livrar deles.

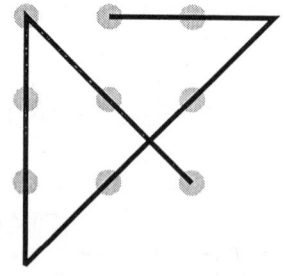

Viver é uma *maestria* em que cada um busca o seu significado e o significado do mundo ao seu redor. Muitas vezes, você é trapaceado pela forma como vê o mundo e a si mesmo; porém, na maioria das vezes, você é ajudado pela sua capacidade cognitivo-afetiva. A terapia quântica tem uma maneira poética de perceber essas nuances, pequenas dificuldades e oportunidades da vida.

*"Um problema tem sempre dois pólos, duas asas.
Ou elas brigam uma contra a outra, ou juntas
elas podem dar um belo vôo sob as estrelas."*

PARA IR MAIS LONGE

*"O problema nunca é como ter pensamentos
novos na cabeça, mas como tirar os velhos."*
Deer Ross

*"Nem sequer todos os exércitos do mundo podem
deter uma idéia
cuja hora chegou."*
Victor Hugo

DESIDERATA*

"Vá calmamente entre o barulho e a pressa e lembre-se da paz que possa existir no silêncio, tanto quanto possível, sem render-se, mantenha boas relações com todas as pessoas, diga a sua verdade de uma maneira clara e serena e escute os demais, inclusive os estúpidos ignorantes; eles também têm a sua própria história. Afaste-se das pessoas ruidosas e agressivas. São um cansaço para o espírito. Se você se comparar com os outros, poderá se tornar vaidoso ou amoroso, pois sempre haverá pessoas superiores e inferiores a você. Desfrute de suas realizações como também dos seus planos. Mantenha-se interessado na sua própria carreira, por humilde que seja; é um verdadeiro tesouro no fortuito caminhar dos tempos que sempre mudam; seja prudente nos negócios, pois, o mundo está cheio de trapaças, mas não deixe que isso lhe cegue as virtudes que existem. Muitas pessoas se esforçam por nobre ideais; e em toda a parte a vida está cheia de heroísmo, seja você mesmo, principalmente não finja o afeto, tampouco seja cínico a respeito do amor; pois, apesar da aridez e do desencanto é tão vivaz como a grama. Leve bem os conselhos dos anos entregando com doação os prazeres da juventude. Crie presença de espírito para proteger-se. Nas desgraças repentinas, porém não se aflija com coisas imaginadas, mitos temores nascem da fadiga e solidão. Além de uma disciplina saudável, seja gentil consigo mesmo. Você é um filho do universo, não menos que as árvores e as estrelas; você tem o direito de estar aqui, e se lhe resulte claro ou não o mundo continua marchando como deve. Para isso esteja em paz com seu deus não importando a idéia que você faça dele. E não obstante os seus labores e as suas aspirações, mantenha-se em paz com sua alma na barulhenta confusão da vida. Com todos os seus enganos, trabalho tedioso e sonhos rotos, este ainda é um mundo harmonioso. Seja cuidadoso. Por favor, se esforce em ser feliz". A Desiderata foi lida pela primeira vez na igreja de São Paulo, em Baltimore, em 1692. O seu autor, ou autores, não se sabe informar.

*Mantida a grafia original

PARA IR MAIS LONGE É PRECISO
saber ser
saber ter
saber fazer
saber viver

Os maiores desafios da MAESTRIA.

Saber ou saber mais? Não resta dúvida, estamos ultrapassando rapidamente a era do conhecimento, da informação, aprendendo a aprender. Cada vez mais, os saberes – individuais, grupais, comunitários – são poderes valiosos para a transformação do indivíduo e da sociedade. O saber, hoje em dia, ocupa, na escala das necessidades humanas, o lugar mais importante, depois das motivações de sobrevivência. Saber para autoconhecer-se. Saber para ser, para ter. Saber para fazer, amar e ser amado.

O saber é catalítico, catártico. Favorece a empatia quando nos abrimos mais aos outros e a nós mesmos. Leva-nos à sinergia quando aprendemos a somar nossas diferenças e semelhanças. Conduz-nos ao compartilhamento quando nos encontramos e somos mais. Leva-nos à comunicação interpessoal. E quem sabe à comunicação intrapessoal: a comunhão com nossas almas.

Nunca o homem buscou tanto o saber, conhecendo mais, transcendendo-se nas suas vitórias internas e externas. Nunca foi tão eficaz na reavaliação de suas crenças, valores, refazendo sua visão, enxergando oportunidades nas crises. E lançando-se, dando as mãos nas trajetórias da busca do seu sonho, individual e coletivo.

O saber vem tornando o homem mais verdadeiro, ético, íntegro, capaz, confiante, porque incorporou a certeza sobre as dúvidas, a verdade sobre o desconhecido, na busca do seu significado neste planeta azul.

O saber, hoje, é um recurso acessível, disponível; o bem imprescindível. Mas o saber só se torna útil quando transformado em ação. E compartilhado, informado. Como diz Gregory Bateson: "Informação é qualquer diferença que faça diferença", como o saber.

Paradigmas

A forma de ver o mundo

Você naturalmente já usou óculos de fantasia; daqueles que têm lentes coloridas e tornam o mundo cor-de-rosa, azul, marrom... Experimente passar um, dois dias usando uma dessas lentes. A tendência é se acostumar com elas e passar a ver a vida, as coisas ao redor, conforme essa nova referência. Imagine-se, agora, dialogando com uma pessoa que usa lentes diferentes das suas, talvez azuis. Como seria o diálogo?

Paradigmas são como lentes. Fornecem e moldam a forma como vemos o mundo. Veja alguns paradigmas que definiram a maneira como víamos as coisas, o mundo, a nós mesmos, e como reagíamos a ele(s).

O geocentrismo

Uma poderosa lente que fez, por muitos anos, o homem conceber a terra como o centro do universo. Ao contrário do heliocentrismo: o sol, centro do universo, outra forma de ver o mundo, talvez ultrapassada em face da expansão das descobertas.

A terra plana

Segundo essa teoria, os oceanos findavam num grande abismo onde os navios seriam tragados. Uma lente que limitou o homem, por muito tempo, partir para suas grandes descobertas.

O cartesianismo

O paradigma do racionalismo de Descartes (penso, logo existo), que predominou por muitos anos, dissociando o corpo da mente, eliminando o papel das emoções (sinto e penso, logo existo).

O QI – coeficiente intelectual

Um pressuposto, que no século passado exacerbou a inteligência como único fator para o sucesso, ainda predominante nos tempos modernos.

A inteligência emocional – QE

O paradigma do coeficiente emocional – (Goleman) – a busca do entendimento de que razão e emoção são ingredientes básicos para a formação de um perfil inteligente e como levar emoções aos processos cognitivos. A dosagem certa, equilibrada do uso da razão com paixão. Hoje, ser inteligente é harmonizar cabeça e coração – QI e QE.

Outras lentes, às vezes escuras, pretas, ofuscantes ainda usadas. O paradigma do TER e SER, em vez de SER e TER. O paradigma do homem como sexo forte sobre a igualdade dos sexos. O homem cabeça do casal. A raça branca predominando sobre a raça negra. Imposição de religiões.

O paradigma do EU ou TU sobre o NÓS, compartilhamento, sinergia. O VER para CRER. Hoje, necessitamos CRER para VER. O paradigma da dependência x independência. Hoje, necessitamos da interdependência. Vencer x Perder em lugar de Vencer x Vencer. Penso, logo existo sobre o novo paradigma: sinto, logo existo.

Paradigmas emergentes

O poder dos recursos materiais cede lugar ao poder do conhecimento.

A hierarquia cede lugar à sinergia.

O controle, ao empowerment.

A mudança como regra, para a responsabilidade pela mudança.

O aprendizado permanente, conexão, interdependência.

Paradigma do nós.

Quais são os seus paradigmas?

Como você vê o mundo, as pessoas, a vida? A sua vida?

Faça suas anotações no espaço.

Hoje poderemos e deveremos ver, sentir, agir e ser diferentes.
A vida era assim e talvez ainda seja assim.
Hoje poderemos e devemos ver, sentir, agir diferente.

Fábulas que agregam valor

Uma questão de paradigmas

"Certa vez, um homem muito orgulhoso procurou um sábio para ajudar-lhe a fazer amigos, eis que isso era difícil para ele.

– Me diga sábio. Eu sou perfeito, inteligente, majestoso, então por que ninguém se aproxima? Por que não consigo fazer e conservar amigos?

O sábio olha-o bem dentro dos olhos e responde:

– Os homens podem encontrar-se, não as montanhas...

Perplexo, o orgulhoso homem diz:

Não compreendi, mestre. O que tem montanha a ver com o meu problema?

– É bem simples, meu caro. Quando um homem se considera, sinceramente, um ser humano puro e simples, e com outro acontece o mesmo, então é natural se encontrarem. Porém, se um se considera uma altíssima montanha e ou outro pensa o mesmo, jamais se encontrarão. Montanhas podem ser altas, mas não conseguem se encontrar jamais."

Nelson Spritzer

Paradigma do nós
Sinfonia nº 1

Podemos ser dependentes e nos sustentarmos no paradigma do Você – "você toma conta de mim". Podemos ser independentes, centrados no paradigma do Eu – "eu me basto a mim mesmo". Podemos e deveremos ser interdependentes, quando nos concentrarmos no paradigma do Nós – promovendo a interação com os outros e com o ambiente. A conquista da interdependência é uma escolha suprema que acontece dentro do nós como princípio.

Nascemos dependentes. Tornamo-nos independentes pelo impulso do próprio crescimento e sobrevivência. Esquecemos – talvez não fomos ensinados – a prática da interdependência, como a natureza, o cosmos. Veja Gaia, a terra viva! A interdepenência, hoje, é responsável pela dinâmica e harmonia entre os seres humanos e seu ecossistema. Dependemos dela.

Falar em interdependência é falar em sobrevivência, qualidade de vida, no campo psicossocial, profissional, científico, relacional. Falar sobre interdependência é recordar os velhos conceitos de Bertalanffy. O holismo, o ecologismo, a globalização, desenvolvimento sustentado, como princípios vitais da relações homem-homem, homem-natureza. E se não nos sensibilizamos, ainda, é bom relembrarmos que a ciência já decretou a nova ordem: a interdependência.

Será que aprendemos a lição? Será que nossos princípios estão acompanhando o nosso pensar, sentir e agir sistemicamente? O impulso para a prática é uma escolha: começa com a análise dos valores responsáveis pela interação do ser humano: a empatia – princípio da sintonia interpessoal – e a sinergia – princípio da comunicação empática. A primeira propicia a abertura do Eu. A segunda, a conexão com o outro. Ambas tecem os ingredientes responsáveis pela interdependência. Mas esse fenômeno só acontece quando incorporamos o conceito da mentalidade de abundância – o paradigma que diz haver o bastante para todos.

O mundo está globalizado, acreditemos ou não. Porém a verdadeira globalização só acontecerá no aprendizado da troca. No pluralismo do conhecimento, que só é válido quando compartilhado. O saber só acontece na diversidade, na interatividade. Na doação, na interdependência.

A era do conhecimento impõe o aprendizado da interdependência. Quando for aprendida, não poderá haver maior valor agregado. Surgirá o novo sistema em que o saber, a integração entre o todo e as partes mudarão o mundo. "Nenhum de nós é tão inteligente quanto todos nós."

Provérbio chinês

DESAFIOS DA MAESTRIA
Partitura I

Ser profeta de si mesmo

Memória do futuro

Recomeçar

Expectativas

Pareto

Profetizar

Opções

Ação para futuro

Impacto

Probabilidade

Visão de futuro

Profecias auto-realizáveis

Faz parte da nossa estrutura psicológica fazer conjeturas sobre o futuro. Aliás, vivemos a um passo dele, mas imensuráveis lapsos nos separam. Talvez o maior indicador sobre a necessidade de planejarmos o futuro esteja na pesquisa elaborada por David Ingvar sobre Memória do Futuro. Ele nos alerta para a forma mais adequada de olharmos para o futuro e com isto aprendermos a planejar uma vida mais produtiva, realizando as nossas profecias. Segundo a pesquisa, "em cada momento de nossas vidas, criamos instintivamente planos e programas de ação para o futuro – antecipando o momento presente, os minutos seguintes, as próximas horas, (...) em alguma parte de nossa mente". Esta atividade mental acontece em todo o decorrer do dia, de forma ainda mais concentrada à noite, enquanto dormimos.

O pesquisador destaca, ainda, que 60% desses "futuros antecipados" são favoráveis e 40%, ruins. Nesses lapsos de tempo, coisas boas ou ruins acontecem. Quando esse equilíbrio é prejudicado, seremos grandes otimistas ou pessimistas irredutíveis. O mais importante ainda é que o ser humano – muito mais do que se imagina – fabrica e armazena grandes quantidades de opções para o futuro. A finalidade é nos prepararmos para agir tão logo um desses futuros visitados se materialize. Imagine a força estratégica de uma memória do futuro plena de expectativas positivas!

Outro estudo importante: O Efeito Pigmaleão, ou O Fator Desencadeador, que aborda o impacto da força das expectativas sobre o nosso comportamento. Segundo W. I. Thomas, "se os homens definem situações como reais, elas são reais em suas conseqüências. Quando alguém prevê um acontecimento (...), aumenta a probabilidade desse acontecimento se tornar realidade". São memórias do futuro trabalhando para nós. Acrescente-se à pesquisa os estudos de Pareto, em que comprova que "20% das causas são responsáveis por 80% dos resultados de um processo". É o princípio dos "poucos vitais e muitos triviais" que podem nos ajudar a direcionar esforços para aspectos verdadeiramente importantes. Ao enfocarmos estrategicamente as atividades produtivas, teremos tempo para estruturar melhor nossa memória do futuro. Que sinergia poderíamos desencadear, empregando o esforço adequado sobre o alvo certo! Como não seriam ricas nossas profecias, de vida e de trabalho!

Necessitamos, cada vez mais, ser profetas de nós mesmos. Instruirmos nossa memória do futuro a trabalhar na realização de nossas profecias; direcioná-las à criação de uma visão estratégica e positiva. Se ao definirmos nossas expectativas elas poderão se tornar reais, façamos realidade os nossos sonhos, nossas visões de um mundo melhor.

Somos, nesta vida, responsáveis pela construção de uma sociedade mais justa e feliz. A energia que desprendemos é a mesma; mas o efeito é estarrecedor! Quem sabe! Construirmos juntos uma memória social do futuro. Realize suas boas profecias. Que elas façam parte permanente da sua memória do futuro.

Pigmaleão foi rei de Cipros, mais famoso como escultor que guerreiro, criador de Galatéia – sua maior expressão da beleza. Após ser vivificada por Afrodite, ele apaixona-se e casa-se com a estátua. O criador e sua criatura.

Criação

Sinergia

Profecias auto-realizáveis

Sucesso

Auto-realização

Ser responsável pelo futuro

Expectativas positivas

Focar o alvo certo

"*Visto que a mente pode reviver experiências como se elas estivessem acontecendo, ela pode também 'viver por antecipação' coisas que ainda não aconteceram. Este é o segredo da fixação de metas. Quanto mais vívida a imagem, mais real o projeto para o futuro. Quem você 'vê' é quem você será.*"

Denis Watley

DESAFIOS DA MAESTRIA
Partitura II

Saber mais

Desejar

Realizar

Perceber

Desafiar

Sonhar

Conhecer

Saber

Buscar

Acumular paixão

Sede de saber

Transformar

A "Gota" do saber
Sabemos muito pouco sobre ela

"O que sabemos é uma gota, o que ignoramos é um oceano", disse Isaac Newton (1642-1727). Hoje, na era da informação, pode-se afirmar: se você chegou até aqui, é para sorver mais gotas deste oceano do saber. Uma gota é muito pouco quando ignora-se os "mares nunca dantes navegados". Uma gota é pouco, mas ela poderá ser aquela que, acumulada uma a uma num copo, transbordará e saciará a sede pelo saber. Há sedes para muitos copos, grandes, pequenos, de vidro, de cristal. Há sedes insaciáveis. Há sedes que, como os rios, buscam os oceanos inesgotáveis da sabedoria. É como o saber. Ele nunca se esgota, diferentemente da ignorância, que desconhece as fontes, os rios e se afoga nas tórridas tempestades dos desertos.

Hoje, Newton acrescentaria mais enfático neste novo milênio: você chegou aqui porque é como os sábios, que buscam o saber, o conhecimento nas gotas da informação, nos mares de oportunidades, nos oceanos do conhecimento. Você chegou porque tem sonhos, esperanças e razões para existir. Mas é preciso ter sede, muita sede para perceber essas gotas d'água cristalinas, quase invisíveis, perambulantes. Onde encontrá-las? Como acumulá-las? Sorvê-las com paixão? Esta será a sua tarefa. A paixão e a sede, juntas, fazem milagres e correm milhas em busca do saciar desejos e motivos, muitas vezes adormecidos. Nunca se saciam porque a paixão leva à sede, e a sede, à paixão eterna.

Nesta trajetória em busca da realização do seu sonho, a vida espera muito mais de você. Se está lúcido e esperançoso, se ainda tem sonhos incubados, apresse-se, aprenda a buscar o saber e a paixão, onde estiverem. Próximo da excelência, porque andam

Aprender

Recriar-se

Autoconhecimento

Excelência

Esperança

Paixão

Praticar

Excelência

Gota de saber

Recreação contínua

de mãos dadas. Reinvente-se a cada dia. E isso toca numa instância tão íntima que caberá só a você tecê-la: reacender a chama da paixão, indo ao encontro do seu significado, do auto-conhecimento, do "aprendizado permanente". Isso é com você; a parte mais difícil. Não sei o significado da sua sede e a dimensão da sua paixão. Só sei que deve ser mobilizador, como a excelência e o sonho que aquecem suas entranhas.

Neste novo milênio, a excelência tem mais pressa, não porque lhe faltam gotas, mas porque há gotas de saber por toda a parte. Excelência compartilha com seres humanos apaixonados pelo que querem, pelo que fazem, pelo que sonham, pelo que dizem. Juntos encontrarão "a gota do saber". Não somente uma, mas oceanos.

Se você chegou até aqui, é porque deverá ter mais sede, mais esperança e muita paixão por esta vida na qual é timoneiro solo. Sucesso nesta nova trajetória de transformação do saber em práticas. Do recriar-se contínuo.

"O que sabemos é uma gota, o que ignoramos é um oceano." É neste oceano que se encontra o maior desafio: o desafio de ser mais sábio num mundo em expansão do conhecimento. A responsabilidade pela aprendizagem permanente.

DESAFIOS DA MAESTRIA
Partitura III

Saber muito mais

O conhecimento só se complementa, perpetua-se, quando incorporado ao saber

*Saber ser
saber ter
saber fazer
saber viver*

Aplicação do conhecimento ao conhecimento

Sinergia

Os três saberes
O novo paradigma que nos impulsiona

O saber representa, hoje, o maior desafio para os seres humanos que desejarem integrar-se nesta fantástica sociedade do conhecimento: conhecer para ser, conhecer para ter, conhecer para fazer. Na velocidade em que se processa o conhecimento, esses três saberes – recursos infinitos e expansíveis – estão formando a base para o surgimento de um novo poder: a aplicação do conhecimento ao conhecimento.

Conhecido na Grécia como uma instância subjetiva, o saber (conhecimento) representava para Sócrates o autoconhecimento, autodesenvolvimento – crescimento moral, intelectual e espiritual. Era aplicado ao ser. Seu resultado era interno. Protágoras pregava o conhecimento como a arte de tornar o homem eficaz, permitindo-lhe "o que dizer e como dizê-lo", emprestando-lhe um valor mais objetivo. A era da produtividade trouxe ao saber o significado da utilidade, a capacidade para fazer. Neste milênio, torna-se o bem mais valioso da humanidade – o conhecimento sem fronteiras, globalizado, aplicado ao saber fazer. O conhecimento operativo. Nas palavras de Peter Drucker, o conhecimento é o único recurso significativo, hoje.

"A mudança no significado do conhecimento coloca esse saber como o recurso pessoal mais importante, tanto no ponto de vista pessoal como no econômico", enfatiza. Conhecimento, sob este novo significado, está inserido no conhecimento como utilidade, como meio para obter resultados sociais e econômicos. O produto está fora das pessoas, na sociedade. Manifesta-se na aplicação do conhecimento ao conhecimento. Outro salto quântico.

Referências bibliográficas

BERTALANFFY, Ludwig von. Ed. Vozes, 1973

DE GEUS, Arie. A empresa viva. Ed. Campus, 1998

DRUCKER, Peter. O melhor de Peter Drucker – O Homem. Ed. Nobel, 2001

FERGUSON, Marilyn. A conspiração aquariana. Ed. Record, 1980

FRANKL, Viktor. Em busca de sentido. Ed. Vozes, 1991

GOLEMAN, Daniel et al. O poder da inteligência emocional. Ed. Campus, 2002

GOLEMAN, Daniel. Inteligência emocional. Ed. Objetiva, 1995

HANDY, Charles. A era do paradoxo. Ed. Makron Books, 1995

HAWKING, Stephen. O universo numa casca de noz. Ed. Mandarin, 2001

MONCRIEFF, A. R. Hope. Myths and legends of ancient Greece. Ed. Gramercy Brooks, 1995

NAISBITT, John. Reinventar a empresa. Ed. Presença, 1987

SPRITZER, Nelson. Pensamento e mudança. Ed. L&PM, 1966

WAITLEY, Denis. Impérios da mente. Ed. Campus, 1996

Capítulo 2

▶A Primeira Transformação◀

"No princípio havia o desejo, a primeira semente da mente."
(Hino da criação do Rig Veda)

Do Cosmo ao significado

Sua viagem começa pelo Cosmo, seu passado remoto. E lhe levará ao futuro, o lugar da criação e realização.

Exercitar a "memória do futuro" é uma boa estratégia para o despertar da sua Maestria Pessoal.

A condição para a criação

O "Big-Bang"

A primeira transformação

Treze bilhões de anos
Nosso passado galáctico
Via Láctea
Ninho da Vida

Três bilhões de anos – Sopro da Vida
Dois milhões de anos – Surgimento da Espécie Humana

O "Big-Bang" – A Humanidade

O melhor ainda está por vir...

Ondas da civilização

Já se passaram mais de três bilhões de anos. Nessa dimensão de tempo e espaço, você teceu o seu presente, passante, deixando uma marca e um marco, a construção de uma civilização humana, da qual faz parte integrante. Nesse macroespaço, você surgiu, evoluiu, aprendeu, cresceu, conviveu, interagiu, construiu, destruiu, reconstruiu, deixando a herança de uma civilização organizada. Legou-nos um passado. Indicou-nos um futuro. Aprendeu a tirar proveito do presente. Você é parte dessa construção coletiva, por isso tem a responsabilidade de compartilhar um mundo melhor nesta viagem, sem volta, que é viver uma vida com significado.

> O futuro é o lugar onde você irá passar o resto da sua vida

Cinco bilhões de anos é a dimensão do seu futuro – enquanto o sol brilhar e o seu desejo arder. Duzentos anos-luz é a extensão do seu território à mais próxima galáxia. Tempo e espaço suficientes para viabilizar suas aspirações e construir um futuro melhor. Um futuro desejado, pleno de anseios e de perspectivas positivas. Cuidar do planeta azul, Gaia, a terra viva.

Passa o passado, fica o presente. É nesse pequeno lapso de tempo e de espaço que você exercita sua capacidade produtiva, deixando o seu maior legado: auto-realização e a esperança de fazer mais.

Veja as grandes marcas e marcos: as descobertas, as invenções, as guerras, os tratados de paz. Foram realizações do presente que modificaram, embelezaram ou dificultaram a vida.

E foi assim que você compartilhou das ondas da civilização, surfando, de vaga em vaga, na busca do inusitado, com mente e coração abertos. Na sua evolução, você cresceu, passando de um simples coletor de alimentos a lavrador da terra mãe (Era da Agricultura), trabalhador de fábricas (Era Industrial), tecendo e intercambiando informações (Era da Informação) até produzir qualidade (Era da Produtividade). Você tornou-se um ser global. Aprendeu a usar sua maior força, a capacidade sinérgica, relacional, intuitiva, imaginativa, para alcançar a nova onda: a onda da imaginação. Você é o Maestro Cidadão dessa "aldeia global", pronto para compartilhar o maior desafio da humanidade: ser uma pessoa global e poder compartilhar da mais impressionante onda – o império da mente-coração.

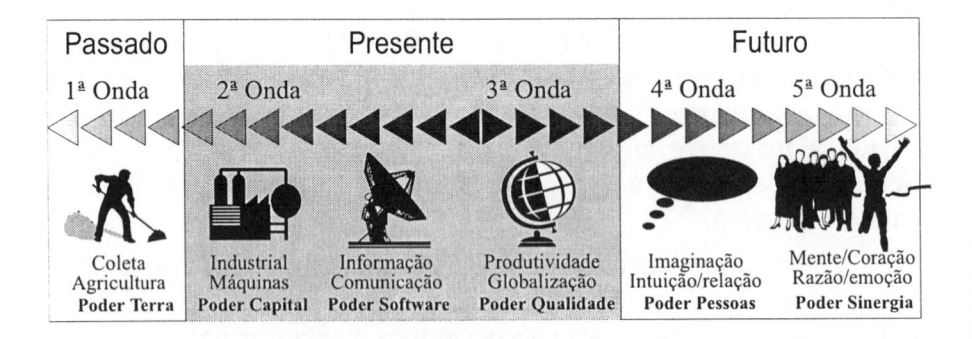

Passado	Presente		Futuro	
1ª Onda	2ª Onda	3ª Onda	4ª Onda	5ª Onda
Coleta Agricultura	Industrial Máquinas	Informação Comunicação	Produtividade Globalização	Imaginação Intuição/relação	Mente/Coração Razão/emoção
Poder Terra	**Poder Capital**	**Poder Software**	**Poder Qualidade**	**Poder Pessoas**	**Poder Sinergia**

Uma pausa para refletir e agir

Qual é a onda com que você mais se identifica?

Escreva três habilidades que lhe destaca na sua vida pessoal/profissional.

Onde elas se encaixam melhor, na 1ª, 2ª, 3ª, 4ª ou 5ª onda?

Que habilidades você deseja e necessita adquirir para acompanhar melhor a dança das mudanças?

Você se lembra do clássico "Bolero de Ravel"? É repetitivo e belo, sempre em um crescendo, como a vida. Seu compasso lembra o coração, pelo ritmo, pelo tom. É como as belas melodias da vida. Como você, mas...

Quem é você?

O que você deseja?

Você existe para quê?

Qual é o seu propósito?

Quais foram os seus marcos?

Este é o seu significado

O presente...

É uma dimensão elástica; tem todo o espaço e tempo necessários para nele você viver; é uma transição entre passado e futuro em busca de ser sempre presente. Flui rápido como o pensamento; é um sentimento de vida, de existência. A grande realidade da vida. Por isso, você escolheu, nele, realizar todos os desejos e criações.

- O passado; imensidão,
- O futuro; eternidade,
- O presente; realidade.

"A melhor maneira de se preparar para todos os momentos do futuro é estar plenamente consciente do presente."

Deepak Chopra

O presente é um espaço vazio como uma página em branco. Um espaço em branco é sempre um incentivo para se colocar alguma coisa. Faça tudo que desejar fazer nele. Você é livre para aproveitar tudo que a natureza, o momento, seu desejo, sua criatividade lhe disponibilizam. Lembre-se! Você é o seu próprio criador. O espaço ao lado é seu.

O presente é a única dimensão que aceita mudanças, provoca mudanças ou cristaliza-se na mortal imutabilidade.

Minha vida. Meu presente

Analise, agora, a sua produção. Você expressou nela suas crenças, valores, habilidades, emoções, desejos. Realizou uma obra, talvez se pareça com você.

Representa um marco?

Como a vida, a tela do presente está sempre livre, aberta para suas realizações. Uma vez elaborada, concretiza-se eternamente. Nunca poderá ser consertada, refeita. Como o futuro! Você é livre para fazer dele o que desejar, como quiser. Deixará marcas ou marcos.

Faça agora uma crítica da sua tela. A crítica também é uma forma de ver e fazer a vida... O que esta tela tem a ver com as suas realizações? Oportunidades perdidas, aproveitadas, recursos usados, não usados, ânimos, humores, criatividade, busca, relações, afeto, criação?

Você utilizou todo o espaço que lhe foi dado? O homem determina e é determinado pelo seu espaço!

Crie outra tela:

Minha vida futura

Normalmente, as pessoas não utilizam esse espaço. Fazem um rabisco, registram uma expressão, criam uma frase. Na verdade, isso tem muito a ver com suas negligências ou dificuldades para se projetarem no futuro, definindo seus planos de vida. Um projeto de vida é a expressão mais forte do que as pessoas desejam e deverão ser no futuro, estabelecido através de objetivos e metas. Na maioria das vezes, a vida, a própria sociedade, as empresas fazem isso por elas. Faça uma reflexão sobre o que você expressou acima! Como anda seu projeto de vida?

"O que você é ecoa tão forte em meus ouvidos que não posso ouvir o que você diz."

Emerson

PARA IR MAIS LONGE

"No princípio era o verbo... uma grande explosão de vida."
Gênesis

Surfando nas ondas da civilização

"Os homens viajam para se maravilharem com a altura das montanhas, as ondas imensas do mar, o longo curso dos rios, o vasto âmbito do oceano, o movimento circular das estrelas, e passam por si mesmos sem se maravilhar."

Santo Agostinho

E foi assim que o homem passou da era da agricultura à inusitada e mais nova onda, a era da imaginação. Mas é preciso que se maravilhe consigo mesmo, neste processo de busca do crescimento.

Viajando pelas ondas da civilização

Uma viagem reflexiva

1ª Onda – A era da agricultura
Poder: Terra

> "A primeira onda de mudança – a revolução agrícola – levou milhares de anos para se esgotar."
> Toffler

Cinco mil anos atrás o homem levava a vida bem devagar. Sua caminhada sobre este planeta foi lenta e progressiva. Pequenos passos na aprendizagem sobre a natureza, os animais e a agricultura. A força física, a destreza e a capacidade de lidar com os elementos da natureza eram apreciadas.

> "A agricultura tornou-se o ventre que gerou a guerra por duas razões. Possibilitou as comunidades produzir e estocar excedente econômico pelo qual valia a pena lutar. E apressou o desenvolvimento do estado."
> Toffler

O homem explorou a terra. Mas havia muitas terras a serem exploradas. Sozinho, seria difícil dar conta do recado, e ele necessitava de mais. Queria estocar. Não bastava ter o que comer. Havia refinado o gosto, o desejo, as necessidades. Somente a natureza não lhe bastava... era preciso extrair o máximo da terra mãe. Foi quando ele inventou a máquina.

Grande parte da raça humana ainda vive nessa primeira onda que se transforma, progressivamente, na onda da pobreza, do subdesenvolvimento, da miséria.

O homem desbravou o mistério do universo e do seu interior, mas não consegue eliminar a escravidão que ainda persiste, a falta de pão que ainda abunda, a falta de saúde que denigre a qualidade de vida dos cidadãos.

2ª Onda – Era da indústria
Poder: Capital

O ritmo frenético das máquinas começa a invadir o trabalho e o lar. O relógio de ponto se repete em todos os lugares, marcando o fazer, o lazer e o prazer. O homem vive em tempo sem tempo para si mesmo. A pressa, a produção e o trabalho são a máxima desse período.

> *"Se me perguntares como é a gente daqui, responder-te-ei: como em toda parte. A espécie humana é de uma desoladora uniformidade; a sua maioria trabalha durante a maior parte do tempo para ganhar a vida e, se algumas horas lhe ficam, horas tão preciosas, são-lhe de tal forma pesadas que busca todos os meios para as ver passar. Triste destino o da humanidade!"*
> Göethe

> *"Começando no final do ano de 1600, quando o motor a vapor foi usado pela primeira vez para bombear a água para fora das minas britânicas, quando Newton transformou a ciência, quando Descartes reescreveu a filosofia, quando as fábricas começaram a salpicar a terra, quando a produção industrial em massa começou a substituir a agricultura baseada no camponês no ocidente, a guerra também foi ficando progressivamente industrializada."*
> Toffler

> *"No inicio tímida, a onda da industrialização firmou-se logo após a chegada das primeiras máquinas que faziam o trabalho no lugar do homem. Surgiram as máquinas impulsionadas pelo vapor, os trens riscavam extensões de terras desbravando novos lugares e unindo velhos países. As fábricas com suas linhas de montagem contratavam multidões de operários e a produção em massa iniciava suas escaladas para um mercado em franca expansão. É nas cidades que as coisas acontecem. Êxodo rural, desemprego, subemprego, lutas sindicais, classe média. As novidades não param. O ancião já não consegue mais acompanhar as mudanças e torna-se descartável."*
> Spritzer

O poder passa a ser exercido com a posse do capital que possibilita o acesso à máquina. Um novo patrão assume o antigo patrão do homem, mais preciso, exigente e despótico: a nova máquina, faminta por produção, dependente.

A busca incessante de aperfeiçoamento dos sistemas para intensificação da produção, o ser humano, vai mais e mais, inventando máquinas que o substituem. A estafante e repetitiva jornada fabril começa a ser assumida, pouco a pouco, pela robótica. O computador segue o caminho trilhado pela máquina: instala-se no ambiente de trabalho, de lazer, do conviver familiar.

3ª Onda – Informação
Poder: Informação/globalização

O computador substitui a máquina de escrever, o operário, o bancário.

> *"Hoje é possível que eu esteja num lago pescando e com meu telefone celular e meu computador "notebook" ligado a um modem consiga acessar minha conta bancária, a biblioteca da universidade, um banco de dados qualquer, o computador de amigos meus, a bolsa de valores de Nova Iorque, enfim, o mundo a meus pés. Comunicação instantânea. A verdadeira aldeia global. Já se pode fazer compras sem sair de casa. Alguns confortos da 'Terceira Onda'."*
> Spritzer

> *"As noções da Terceira Onda vendem ao mundo informação e inovação, administração cultura e cultura popular, tecnologia, avançada 'software', educação, treinamento, assistência médica e financeira e outros serviços."*
> Toffler

Mas não vende nem intensifica relações.

O poder passa a ser exercido por quem detém a informação, quem possui o conhecimento. As máquinas não resolvem tudo. Agora, a ferramenta principal é o cérebro. A verticalidade das empresas dá lugar à virtualidade – a intranet se encarrega de fazer circular a comunicação entre os grupos de trabalho. Uma forma diferente, fria de relações. A

Internet transforma o mundo em aldeia global. A humanidade começa a tomar mais uma vez novos rumos. A rapidez com que as mudanças são processadas é vertiginosa. Tudo se passa através e na tela do computador. Até o amor, a dor, o horror, falta de valor, afeto...

> "O conflito entre os grupos da Segunda e da Terceira ondas é, de fato, a tensão política fundamental que permeia a nossa sociedade atualmente. (...) Esse conflito é o 'superdesafio' de amanhã?"
> Toffler

> Mas o que torna a economia da Terceira Onda revolucionária é o fato de que enquanto terra, trabalho, matérias-primas e talvez até o capital podem ser considerados recursos finitos, o conhecimento é, para todos os efeitos, inexaurível."
> Toffler

4ª Onda – Produtividade
Poder: Qualidade

> "Em vários lugares do mundo a Quarta onda já é uma realidade. É a onda da produtividade. Não basta lidar melhor com a informação. É preciso fazer uso disto. É a época da biotecnologia, biologia molecular, engenharia genética, inteligência artificial, robótica, fontes alternativas de energia, preocupação ambiental, ecologia, biosfera.
>
> As relações humanas são desvirtualizadas. Já não importa mais o tradicional e sim a realização, a satisfação, a integração ao todo maior, a transcendência. O místico ganha respeito e até ares de ciência. A família nuclear cede lugar para a grande família humana que mora na casa global. É tempo de Gaia: a terra mãe viva."
> Spritzer

A Era da Agricultura começa a ser o celeiro do desrespeito político/econômico dos irmãos da Quarta e Quinta ondas. Não por falta de recursos, mas por falta de um querer ético, de um poder responsável e compartilhado. Até quando a humanidade irá conviver com este quadro num mundo que se diz civilizado, humano, inteligente? Será que a era da intuição, imaginação pode aceitar a muita "fome" e o pouco "saber" de tantos seres humanos esquecidos na terra? Nossa terra mãe?

5ª Onda – Imaginação
Poder: Intuição

"Poucos percebem, mas logo ali na esquina está chegando rapidamente a Quinta Onda, a onda da imaginação. Sem muito alarde, já tem gente trabalhando esta nova onda, se antecipando ao declínio inevitável e rápido da Onda anterior. Trata-se de uma onda especial. É a onda na qual será possível a manipulação direta de tempo/espaço, a contração da curva da informação da humanidade pelo efeito a que os estudiosos da Caologia se refletem com a ação do Grande Atrator, com um magnífico salto no desenvolvimento da vida e do ser humano neste Universo. É tempo da fusão das causas e dos efeitos. A sociedade humana se transformará muito. Será o tempo da intuição, da busca da sabedoria, do uso da percepção sensorial, apurada, e do uso de capacidades hoje chamadas de paranormais ou extra-sensoriais, uma verdadeira civilização de gente saudável, próspera e feliz."
Spritzer

"Partimos da hipótese de que estamos às portas de grandes mutações, rumo a uma nova civilização planetária, apontando para uma articulação convergente das consciências, uma noosfera. Ela significaria a adequação da mente humana ao novo fenômeno emergente da mundialização ou, melhor dito, seria o fenômeno da planetização/unificação do mundo manifestado na mente humana. Ela é parte deste processo."
Boff

Como aldeão, o homem se assume como cidadão do mundo. Tendo o futuro como meta, aprenderá a olhar para si mesmo e para o futuro. Conhecer-se é o primeiro passo. Conhecer-se no outro é o seguinte. Caminhar sempre será o cotidiano. Não temer o inusitado é uma exigência. A sobrevivência se alojará na busca inconstante da felicidade.

Tornando-nos maestros de nós mesmos estaremos prontos para compartilhar o maior desafio da humanidade: sermos uma pessoa global e podermos nos integrar na mais impressionante das ondas: o império da mente/coração. A era da sinergia e do poder das relações, da empatia, das interconexões.

Lembre-se: o futuro será o lugar para as suas realizações!

6ª Onda – Mente-coração
Poder: Sinergia

"Poetas e intelectuais de países da Terceira Onda contam as virtudes de um mundo 'sem fronteiras' e da 'consciência planetária'."
Toffler

A esperança é que, com a chegada da onda em que a razão e a emoção formarão sua maior parceria aconteça a criação de uma consciência universal. Nesse momento, o homem poderá celebrar a sua conquista: o poder da sinergia intrapsíquica. E dominará o universo, começando por ele próprio.

Reflita um pouco mais!

Onde você se encontra neste processo de convivência com ondas interativas?

Os seus paradigmas identificam-se com quais das ondas apresentadas?

Registre suas reflexões neste espaço

É preciso eliminar os resquícios das ondas fora de ondas que ainda habitam os corações dos homens.

"Você deve compreender que ver é acreditar, mas também saber que acreditar é ver."
Denis Waitley

DESAFIOS DA MAESTRIA
Partitura IV

Avaliar-se

Avaliação

Crescimento

Busca de excelência

Motivação

Ponto "A"

Parceria

Curva sigmóide

Futuro desejado

Recomeçar

A curva sigmóide
Seu ponto de mutação

Você naturalmente já ouviu falar na "Curva Sigmóide", uma curva em forma de "S" que ajuda na análise sobre nossa vida profissional e pessoal. "A Curva Sigmóide resume a história da própria vida. Começamos lenta, experimental e vacilante, crescemos e depois declinamos" (Charles Handy). A estratégia para evitar o declínio da curva e promover o crescimento constante é começar de novo uma nova curva antes que a primeira comece a decrescer. O ponto "A" é o local indicado, porque você ainda dispõe de tempo, energia, motivação e recursos para recomeçar.

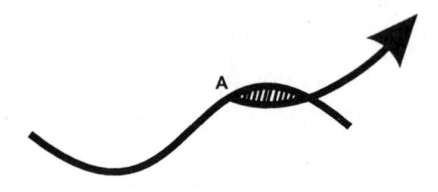

Entretanto, as pessoas e as organizações, neste ponto, não percebem a iminência do declínio pelo fato de estar vivenciando um momento de ascensão: as coisas estão dando certo. É o fenômeno do apogeu, do sucesso. Somente quando o desastre acontece, no ponto "B", é que elas percebem a gravidade do problema. Mas nunca é tarde demais. O recomeço é a constante da vida. Uma simples constatação do ponto B poderá abrir uma janela para o sucesso.

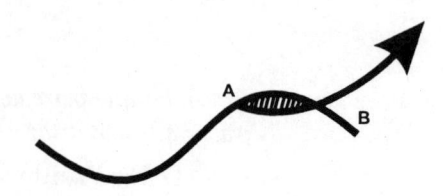

Faça uma análise da sua curva. Determine o ponto onde você acha que está atualmente: se em ascensão, em declínio ou em manutenção. Faça uma reflexão sobre este ponto "A" e idealize a sua segunda curva. Os líderes do futuro começam a segunda curva no ponto "A", porque esse é o momento certo para conceber um futuro desejado, conservando o presente. Faça um esforço para sair da sua área hachurada. Não permita que a primeira curva termine antes que você planeje uma segunda.

"Descobri", nos diz Charles Handy, "que o conceito da Curva Sigmóide tem ajudado muita gente e muitas instituições a entender as suas confusões atuais. Entretanto, a pergunta que eles sempre fazem é: 'Como saber onde estamos na primeira curva?' Um modo de responder a isso é pedir que façam a própria avaliação particular e pessoal de sua posição ou da posição de sua empresa". Talvez esteja no momento de você iniciar uma nova carreira – a tendência atual –, ou uma carreira paralela. A busca da excelência é o caminho dos empreendedores.

Nunca se deixe condicionar pelo "Princípio de Peter". Aquele que diz que nós somos, inconscientemente, promovidos às nossas próprias incompetências.

Coeficiente genético
O que nos amedronta

O homem participa, hoje, da mais fantástica transformação, produto da bioinformática: a provável substituição do QI pelo QG (coeficiente genético). O QI aposenta-se por invalidez, uma instância que por décadas elegeu o intelecto como o fator mais importante. O inusitado não é mais surpresa. O QG surge forte com o projeto genoma, e já se convive com a realidade próxima do mapeamento genético do ser humano como o novo modelo de identidade. Valerá mais, terá mais chances aquele que for geneticamente mais perfeito. Ao nascer, o bebê herdará um novo documento,

Emoção

Profecias

Proatividade

Doação

Ética

Transformação

Caráter

Valores

Visão

Poder

seu "certificado de garantia" – um mapeamento genético com todos os seus caracteres definidos.

Será que o projeto genoma humano, maravilha da ciência – criado por homens geneticamente imperfeitos –, poderá ser mais um marco para a integração do intelecto com o emocional? Genoma – genes, do grego genos, nascimento ou origem são trechos de DNA que governam todos os processos da vida. O genoma é único para cada ser e revela tudo – ou quase tudo – sobre ele.

Cabe ao homem – criatura e criador – questionar. Quando chegará a vez do QV (coeficiente de valores), do QC (coeficiente de caráter), do QH (coeficiente de humor)? – valores universais que governam os homens que governam o mundo? Quais empresas ousariam contratar um gerente com alto QV, QC e um bom coeficiente de resultados QR, quando o QG já se impõe? E quem ousaria procurar seres humanos com altos QS e QP (coeficientes sinérgico e proativo)? Será que os seres humanos empáticos, catalisadores, éticos serão substituídos por anti-seres de alto QG? E que tal pessoas de alto QM – coeficiente de maestria? E a ética da manipulação genética. Um alto QE – coeficiente ético – agrega valor.

Enquanto os cientistas de alto QI – que nunca foram mapeados – mais conhecerem o genoma humano, mais precisarão conscientizar-se de que o ser humano só realiza bem e transcende quando deseja, busca, cria e participa. Foi assim que ele ultrapassou barreiras – inclusive genéticas – e chegou aonde está hoje!

Referências bibliográficas

BOFF, Leonardo. Nova era: A civilização planetária. Ed. Ática, 1994

DAVIS, Stan. Visão 2020. Ed. Campus, 1993

HANDY, Charles. A era do paradoxo. Ed. Makron Books, 1995

HANKS, Kurt. O navegador de mudanças. Ed. Qualitymark, 1998

LEAKEY, E. Richard. A evolução da humanidade. Ed. Melhoramentos, 1981

MEDEIROS, Rejane. Ondas da civilização, in Caderno de inteligência emocional. Apostila
NAISBITT, John. Paradoxo global. Ed. Campus, 1994
SAGAN, Carl. Cosmos. Ed. Francisco Alves, 1982
TECER. Caderno inteligência emocional, 1997. Apostila
TOFFLER, Alvin. A empresa flexível. Ed. Record, 1985
_____. Megatendências Ásia. Ed. Campus, 1997
_____. Reinventar a empresa. Ed. Presença, 1987
_____. Criando uma nova civilização. Ed. Record, 1995
_____. Powershift – As mudanças do poder. Ed. Record, 1990
_____. Aprendendo para o futuro. Ed. Arte Nova, 1977.
_____. O choque do futuro. Ed. Artenova, 1972
WAITLEY, Denis. Impérios da mente. Ed. Campus, 1996

Capítulo 3

▶Nas Pegadas do Futuro◀

"Em qualquer campo, descubra a coisa mais estranha e depois explore-a."
John A. Wheeler

Visão do futuro

O futuro é a única instância da vida em que você é impulsionado a entrar, a qualquer momento, onde estiver, preparado ou não para essa viagem. Bastam 0,0000000000000002 segundos para sair do presente, entrar no futuro, deixar saudoso um passado, um legado.

O futuro é também o lugar onde, por mais que você se esforce a permanecer nele, é expulso para o passado. Você entra no futuro, sai dele, e nessa transição vive o mais rápido e eterno momento: o presente. Pode ser um momento feliz, triste, um momento de busca de criação ou destruição, de amor ou de ódio. Esta é a dinâmica da vida. É no presente que se constrói. É no presente que se modela o futuro. O futuro é modelável, como a tela que você produziu.

O futuro é cosmopolita

Não tem restrição de raça, cor, religião, competência, valores, experiência, referências. O futuro não prejulga. Aceita-o como você é, com seus anseios, credos, valores, princípios, habilidades. Mas se for competente, é melhor para o futuro e para você mesmo. Todos somos bem-vindos. E mais ainda: todos somos impelidos a entrar nele, de repente, mesmo sem sermos convidados. Ele atrai a inspiração humana. Não há portas para o futuro, nem catracas, portões, alamedas, nem ingresso, currículo, referências. As pessoas são livres para a entrada. Existe apenas um requisito para serem bem-vindas e dele usufruírem:

Nisso ele é exigente. Se você for competente, lançará marcos; senão, marcas. Quem tem competência nele prospera!

A competência essencial

Você está preparado para viajar para o futuro?

Você conhece o lugar que irá viver, conviver pelo resto da sua vida?

Você está preparado para criar, realizar, como numa tela em branco, e deixar o seu maior marco?

O incrível é que o futuro, "longínquo e intangível", como a maioria dos seres humanos o concebe, está muito próximo de você. Você o toca, o faz a sua semelhança. A cada momento, sente sua presença, nota seu apelo, seu convite. É desconhecido, mas pleno de possibilidades e potencialidades. É abstrato, mas basta voltar-se para ele que você percebe seu pulsar. Você o vê na imaginação e no desejo de fazer o mundo melhor. O futuro é o maior aliado para suas realizações. Uns o temem, outros o adoram. Mas somente os profetas fizeram um pacto com ele. Para os profetas, cientistas, poetas, pessoas de visão, VOCÊ, o futuro é o lugar para suas criações e realizações acontecerem.

> Nesta concepção, o futuro é tangível, moldável, planejável, capaz de aceitar os seus desejos.

"Toda moderna filosofia consiste em desvendar, exumar e repudiar o que foi dito antes."

Ramachandran

Registre aqui o que pensa sobre o futuro. Quais são suas crenças e valores.

Eu considero o futuro...

Eu acredito que...

Quais os meios de informação e conhecimento que você utiliza para conhecê-lo?

Qual a sua profecia para os próximos anos?

Qual o futuro que gostaria de construir para você?

Quais são as habilidades/requisitos que você considera importantes para enfrentá-lo face a face?

Quais as habilidades, conhecimentos e experiências que você já tem para enfrentá-lo?

O futuro parece nossos corações, bate forte, pulsa, faz parte das nossas vidas. Vivemos em função do seu pulsar. Às vezes não o percebemos, mas a sua presença é incontestável. Se quisermos olhar para o futuro, nunca deveremos voltar para o passado. Futuro não combina necessariamen-

> Tudo o que você quiser poderá realizar no futuro através do presente!

te com ele. Não pressupõe sua existência. Ao contrário do passado, o futuro é maleável. Embora fugidio, está pleno de potencialidades.

O passado é conseqüência. O futuro é criação, é meta, é alvo dos empreendedores. É o cenário para a prática da sua maestria pessoal.

Enquanto os "reativos" caminham por trilhas traçadas pela evolução natural dos tempos, os "empreendedores" constroem pontes para o futuro. Estes fazem o futuro acontecer, edificam novas realidades com decisões de hoje, correndo o risco agora, vendo o que há de futuro nas decisões do presente, criando um novo mundo.

Crenças e paradigmas sobre o futuro.

Você pode ver o futuro sob duas perspectivas:

Algo inevitável que não se pode controlar.

Algo controlável.

O dirigente empresarial de hoje tem de ser um visionário. As pessoas empenham-se e comprometem-se com uma finalidade, um objetivo, uma visão que seja maior que elas próprias – que seja suficientemente grande para que façam todos os esforços imagináveis.

"O mundo abre alas para aquele que sabe para onde vai."
John Naisbitt

Visualizar o futuro não é prevê-lo: é ver o que há de futuro nas decisões do presente. Ter visão de futuro é compreender onde se estará amanhã, e não onde se espera estar. É também a capacidade de avaliar onde você será capaz de estar e decidir onde escolherá permanecer. É se imaginar viajando pelo desconhecido. Você pode visualizar o futuro através de duas abordagens básicas:

Futuro incontrolável:

Postura 1

As pessoas colocam-se frente ao futuro como algo inevitável, intocável. Sentem-se impotentes na condução do seu destino, dos projetos e planos. Essa forma de ver o futuro redunda em três atitudes típicas:

- Inativismo
- Reativismo
- Preativismo

Inativismo

O inativista encara o futuro como algo que está além e acima do presente e contra o qual nada se pode fazer. Então é melhor não fazer nada, conservar bem o que já existe e apreciar a satisfação do dever cumprido. É a filosofia do conservadorismo, que busca a estabilidade e sobrevivência, aceita o atual estado de coisas como o melhor possível, resistindo às mudanças.

Reativismo

O reativista vê o futuro como algo além do presente, porém um prolongamento do passado. O melhor é remediar e corrigir as situações problemáticas que não se afastam do paradigma ideal do passado, garantido pela experiência. Desenvolve-se daí a arte de contornar as dificuldades para chegar aos objetivos pela via do "status quo", condicionamento e sobretudo de experiências passadas.

Preativismo

O preativista vê o futuro previsível, mas incontrolável. O que se pode fazer é ajustar-se a ele, procurando minimizar restrições e maximizar oportunidades. Os preativistas não aspiram controlar o futuro, mas evitar os seus efeitos negativos previstos: a lógica da previsibilidade.

Futuro controlável

Postura 2

Nessa atitude frente ao futuro, as pessoas admitem que têm capacidade de criar seu próprio destino dentro de um quadro de restrições concretas, porém manejáveis. Nesta postura, o futuro é algo que se faz acontecer, como resultado de um conjunto de ações conscientes e propositadamente vividas. Não é, portanto, um processo natural, exterior e fora de controle.

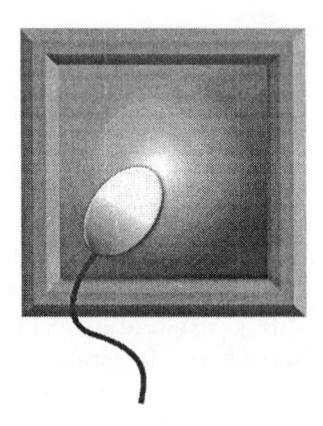

Interativismo

O interativismo considera que é possível influenciar, ou mesmo controlar, o futuro alterando a natureza dos sistemas a fim de evitar possíveis problemas. A lógica é não apenas se preparar para ele e melhorá-lo, mas também criar oportunidades. A postura básica é: faça o futuro acontecer. "Quem sabe faz a hora." Não se trata de predizer o futuro, mas de criá-lo.

Alternativas de operacionalização da concepção do futuro.

Futuro lógico (extrapolação de tendências)

Prolongar no tempo a ação atual mediante o exercício de extrapolações (visão) é a premissa do futuro lógico. O futuro lógico não é mais do que a perpetuação do presente.

Futuro desejado: "criação de uma novidade qualitativa"

Elaborar situações desejadas é a atitude do futuro desejado. O futuro desejado significa uma visão de que ele requer decisões agora, impõe riscos agora, requer tratamento agora. A visão estratégica resultante é ver "o que há de futuro nas decisões do presente". Esta é a verdadeira visão do líder: um construtor de cenários reais. É o campo para a prática da Maestria Pessoal.

Futuro Controlável — Interativismo — Futuro Desejado

Futuro: cenário profetizado

"A vida não é um ensaio nem um jogo de realidade virtual.
O que você simula, você vai gerar.
O que você fala é o que vai obter.
O que você diz determina o seu dia.
O que você visualiza vai se concretizar."
Denis Waitley

Profecias que moldam o futuro

O presente é um presente dos deuses. Uma caixinha azul, bem embalada. Antes de abri-la, pode-se imaginar tudo o que poderá conter dentro dela. E tudo o que se imaginar será conseqüência de crenças, expectativas e desejos. Será uma caixa, brilhante?

O seu presente não será muito diferente...

As profecias também afetam o futuro. Elas predizem fatos que poderão acontecer no mundo ou conosco.

Há profecias auto-realizáveis. São estabelecidas por você mesmo. Muitas vezes, são outras pessoas que as estabelecem e se encarregam de fazê-las acontecer, naturalmente, com o seu consentimento. De tanto ser comentadas, repetidas, elas se tornam realidade.

Quando são positivas, excelente! Ajudam a construir marcos. Quando negativas, deixam marcas.

A vida é assim... mas poderá ser diferente.

Essas evidências afetam o seu futuro, porque o futuro é um fenômeno mutável. Como os líquidos, assume diferentes formas; como os gases, se expande ou se comprime. Pode ser moldado, como as catedrais; ou como as armas nucleares, marcas de destruição e da dor.

Faça um exercício sobre o seu futuro. Faça a sua profecia para os três próximos anos. Aproveite as oportunidades. Veja os problemas como chances para uma boa profecia auto-realizável.

> Seu futuro é como uma caixa de surpresas.
> Você cria as surpresas, profetiza o que poderá conter nela.

Minha profecia

"Preparar-se para um novo mundo é o contrário de se resignar a um ceticismo generalizado, é esforçar-se para pensar bem, é exercitar um pensamento aplicado constantemente na luta contra falsear e mentir para si mesmo, o que nos leva, uma vez mais, ao problema da 'cabeça-bem-feita.'

É também estar consciente da ecologia da ação. A ecologia da ação tem, como primeiro princípio, o fato de que toda ação, uma vez iniciada, entra num jogo de interações e retroações no meio em que é efetuada, o que podem desviá-la de seus fins e até levar a um resultado contrário ao esperado. O segundo princípio da ecologia da ação diz que as conseqüências últimas da ação são imprevisíveis."

Edgar Morin

Mudança requer sinergia
Sinfonia nº 2

"Somos todos instrumentos do nosso próprio desempenho", enfatiza Covey. Hoje, e no futuro, mais do que nunca, o ser humano necessita tornar-se explorador das suas potencialidades. A regra básica é familiarizar-se com os instrumentos adequados, tangíveis e intangíveis, responsáveis pela excelência. A estratégia é a aprendizagem contínua. O veículo é o comportamento sinérgico.

A noção do homem instrumentador do seu comportamento vem sendo estudada por cientistas comportamentais como o primeiro passo para a proatividade – tocar bem sua orquestra interior. Por onde começar? Pelos fatores tangíveis, como produtividade, resultados, liderança? Bom seria iniciar pelo fator desencadeador: a sinergia.

Sinergia, do grego *Syn* + *ergos*, significa trabalhar junto. É processo e não abordagem, no qual se busca alcançar objetivos na interdependência. Seu princípio é valorizar as diferenças. Respeitá-las, investir nos pontos fortes, minimizar fraquezas. Sinergia tem bases na premissa de que as partes envolvidas crescerão mais, aprenderão, produzirão mais. Não se fala de processo aritmético – um mais um igual a dois –, mas do conceito psicossocial – o todo maior é melhor que a soma das partes. E que a relação estabelecida entre as partes é, em si e por si, também uma parte. Não apenas uma parte catalítica, e sim a parte mais catalítica, mais poderosa, mais unificada e mais excitante.

Sinergia é parceira da empatia, do grego *em* (dentro) + *pathos* (sentimento). Significa a apreciação emocional dos sentimentos de outro. São irmãs siamesas que necessitam uma da outra compartilhando uma relação quase carnal. Como no conceito budista do *yin* e *yang*, cada uma, tendo alcançado o seu apogeu, retrocede em favor da outra. A sinergia, como a empatia, mantém uma relação visceral com a interdependência, porque substitui o velho paradigma do Eu ou Você, valorizando o Nós, em que cada vez que uma das forças atinge o seu ponto máximo manifesta dentro de si a semente do seu complemento, o outro ser humano.

Somos instrumentos do nosso próprio desempenho porque temos dentro de nós a filarmônica produtora da sinfonia da vida: nossos resultados, nossas relações. Bom é que a sinergia nunca acontece no "eu sozinho". "Quando procurarmos real e profundamente os outros seres humanos, abrem-se as portas para soluções criativas e terceiras alternativas. Nossas diferenças não se tornam mais obstáculos para a comunicação e o progresso. Em vez disso, tornam-se auxiliares da sinergia", diz Covey. Compartilhando valores e expectativas, aumentamos nossa eficácia, alcançamos altos níveis de desempenho, facilitamos o consenso, estimulamos o comportamento ético. Entretanto, diz Peter Senge: *"Nada muda sem transformação pessoal"*.

PARA IR MAIS LONGE

*"Descobrimos então que tudo é processo.
A Quarta Dimensão não é outro lugar;
ela é este local e é imanente a nós, um processo."*
Marilyn Ferguson

**DESAFIOS
DA
MAESTRIA
Partitura
V**

Visitar o futuro

Ser e ter

Expectativas

Transacionar

Convívio

Regra de ouro

Virtudes

Inter-relação

Futuro

Energia

Amor

Saudade do futuro
Ou o desejo de estar nele presente

De tanto projetarmos nossas expectativas por um futuro melhor, começamos a sentir saudade do futuro. Uma nostalgia que aperta corações e mentes dos homens. Saudade de um mundo sem fome, sem guerras. Saudade de pessoas se doando, compartilhando objetivos, desejos comuns. Saudade de um presente em que o "Ser" e o "Ter", a ética e o amor fossem a constante entre os homens. Práticas de relações produtivas.

Como sabemos, os seres humanos foram dotados de um instrumento peculiar: a memória do futuro, já citado em capítulos anteriores. Segundo a pesquisa de David Ingvar, "em cada momento de nossas vidas criamos instintivamente planos e programas de ação para o futuro, antecipando o momento presente, os minutos seguintes, as próximas horas". Nesse ponto, o homem se defronta com um fator importante para ser mais neste novo milênio: aprender a incluir nessas visitas "um futuro desejado positivo", materializando-o com expectativas positivas. Sonhar só não basta, é preciso sonhar positivo e materializar esse sonho.

Como visitantes do futuro, precisamos atentar para um dado importante da pesquisa de Ingvar. Será que o percentual de 40% dos futuros antecipados estão se materializando com mais freqüência? Será que falta ao homem a habilidade maior de transacionar com o positivo, fazendo acontecer o que se sonha, o que se aspira, o que se ama? Ou será que nesses futuros visitados não estão incluídas a paz, a sinergia, a mentalidade de abundância? Ou o homem esquece de inserir no seu sonho de inocente a construção coletiva?

É preciso, sim, ter saudade do futuro, saudade de mãos se encontrando, saudade de sorrisos e olhos brilhantes de fé e boa vontade. Talvez a "regra de ouro" volte a ser o tema mais importante: fazer ao

Futuro desejado	outro aquilo que gostaríamos que nos fosse feito. Se os nossos futuros antecipados são reais, é preciso fazer realidade esse Dom da natureza humana: materializá-los. A energia despendida é a mesma. O resultado é um salto quântico. Saudade do futuro implica um ponto comum a toda a humanidade: não esquecer de planejar e concretizar nosso futuro hoje, nossas inter-relações agora, por uma humanidade feliz, para sempre.
Virtudes	
Esperança	
Competência	É preciso ter saudade do futuro. Bom tê-la. Melhor materializá-la, "privilegiar as virtudes sublimes: a introspecção, a amizade, o amor (...) num convívio prazeroso", como diz De Masi. Depende de nós, da nossa competência, da esperança e desejo de construirmos um mundo melhor. Temos todo o tempo que quisermos, agora!
Regra de ouro	
Sonhar positivo	

Onde você gostaria de passar sua vida a partir de agora? No saudoso, cômodo ou decepcionante passado?

No presente, para ser mais realista?

No futuro, para conviver com as mudanças?

Concepções sobre o futuro

Ontem

As concepções de futuro fundadas em extrapolação do passado tendem a criar a impressão da existência de algo inevitável no encadeamento dos eventos pretendidos, bem como na sua configuração final. Colocados frente ao que parece inevitável, os homens tendem a abdicar de seus papéis de criadores de novos e diferentes eventos para submeterem-se às dimensões impostas pela atual tendência. Nesse caso, a característica básica é confundir predição com desejo e objetivos. É o que constitui a denominada profecia auto-realizável.

Outra postura, negativa, resulta da exclusão do futuro de tudo o que não for tecnicamente viável, à luz das atuais disponibilidades. A viabilidade técnica, como critério para a visualização do futuro e para orientação das ações do homem, tem aberto perspectivas extraordinárias, mas não corresponde à idealidade. Esta é a visão do futuro lógico – prolongamento e, conseqüentemente, perpetuação do presente. Se os resultados alcançados por essa via forem bons ou maus, não representam preocupações para o homem, porque a via utilizada para a obtenção do futuro pela extrapolação de tendências não é capaz de fornecer os elementos necessários para responder às idealidades que se podem ter do futuro.

Hoje

Preconiza-se que o futuro não seja simplesmente operacionalizado com algo situado além do presente. A justificativa é que os julgamentos, as concepções, as experiências e as decisões produzem-se no presente, podendo ter por objeto o presente ou o futuro.

Operacionalizar o futuro de outra forma como um conjunto de metas e objetivos, cujas realizações dependem de decisões situadas além do presente, impede de submetê-lo a uma investigação séria e conseqüente e de agir responsavelmente a seu respeito e, portanto, com relação ao presente que ele contém. Como diz Drucker: "*O futuro (...) requer decisões – agora, requer trabalho – agora. Impõe riscos – agora. Requer ação – agora. Exige distribuição de recursos e, acima de tudo, de recursos humanos – agora. (...) É o que temos de fazer hoje para estarmos preparados para as incertezas do amanhã. A questão não é o que vai acontecer no futuro. É com que futuro temos que imbuir nossos pensamentos e nossas ações atuais, quais intervalos que temos de considerar e como usaremos essa informação para tomar uma decisão racional, agora.(...) A abordagem ainda tende a ser a confecção de planos para algo que vamos decidir a fazer no futuro, o que pode ser muito divertido, mas é fútil. Só podemos tomar decisões no presente e, no entanto, não podemos tomar somente decisões para o presente; a decisão mais convincente, a mais oportuna – sem contarmos a decisão de não decidir nada – pode nos comprometer por muito tempo, talvez de modo permanente e irreversível*".

Sua concepção com relação ao seu futuro deve tomar como princípio a existência da possibilidade de influenciar, ou mesmo controlar, as mudanças futuras. Criar oportunidades, e não apenas melhorá-las. Sua postura básica é fazer o futuro acontecer, agora. Enfim, o que se deve fazer em relação ao futuro não é predizê-lo, mas criá-lo.

Para não se arrepender do seu presente no futuro planeje o futuro neste presente que é tão duradouro, enquanto dura.

Naisbitt, em Reinventar a Empresa, define com muita clareza os paradoxos e paradigmas do futuro que já fazem parte do nosso cotidiano, às vezes, esquecido.

"O que funcionava no passado não funciona mais."

E continua.

"Nunca houve melhor época do que a de hoje para se mudar o mundo. É este o lema de todos os idealistas desde que o mundo é mundo."

"Acreditar na visão constitui um conceito radicalmente novo na filosofia econômica. A visão nasce do conhecimento intuitivo; e isto implica aceitar que a lógica não é tudo, de que nem tudo são números. A idéia consiste simplesmente em acreditar que se visionarmos o futuro que pretendemos somos mais capazes de atingir o nosso objetivo. A visão é o laço entre o sonho e a ação. As organizações metanóicas caracterizam-se por ser portadoras de uma visão, de um empenhamento coletivo, de mestria e capacidade de integrar a intuição e a racionalidade, de encarar a companhia como um todo e de criar estruturas que favoreçam o desenvolvimento desse todo."

*Conservada a grafia, uma vez que a edição é portuguesa.

Projete-se em um momento desejado no futuro daqui a cinco anos. Onde você estará vivendo? Como serão os seus dias? Que cargo ocupará? Que momentos lhe darão satisfação? Qual será sua renda?

DESAFIOS DA MAESTRIA
Partitura
VI

Ociar

Tempo livre

Trabalho estudo lazer

Introspecção Amizade Amor

Novo desafio

Liberdade Criatividade

Descobertas

Coisas simples

Recriar-se

Ler

O futuro do trabalho
O presente do ócio

"Pela primeira vez, depois de Atenas de Péricles, são o tempo livre e a capacidade de valorizá-lo que determinam o nosso destino não só cultural como também econômico", diz De Masi. O autor vai mais além: *'Sendo o ócio', por sua vez, um recurso escasso por definição, deve ser usado e maximizado com uma atenta perícia econômica."* Ele apresenta um modelo "com base na simultaneidade entre o trabalho, estudo e lazer, em que os homens seriam educados para privilegiar a satisfação de necessidades radicais, tais como a introspecção, a amizade, o amor, as atividades lúdicas e a convivência".

Talvez você tenha dúvidas sobre o que fazer quando não tiver o que fazer. Administrar o tempo livre é o novo desafio que a modernidade lhe legou. A arte de ociar é o novo valor que o ser humano de hoje e do futuro terá de incorporar a sua rotina. O como fazer na prática persistirá por séculos. Uma das respostas está nas coisas simples que o ócio privilegia: a elevação para as artes, a criatividade e a liberdade. Ler com mais freqüência poderá ser o começo. Lembre-se: o brasileiro médio lê apenas dois/três livros (incluindo didáticos) por ano, comparado com os americanos, cinco, e os escandinavos, 14. Leia mais. Leia criativamente. A leitura é a porta aberta para as descobertas. Lendo, você começa a se recriar. Escreva mais. Pelo menos faça um e-mail, a forma mais simples de conexão.

E por que não escrever um livro? Editar um livro, hoje, é tarefa simples e barata. Escrever não é complicado. Comece pelo desejo, tentando com perseverança. Erre, recomece. Continue com entusiasmo. Quem não gosta de receber um livro? Escrito por um amigo será muito mais prazeroso. Faça isso. Escreva seu livro e deixe-o como seu maior legado, criativo e ousado, para amigos, parentes, filhos.

Crescimento pessoal

Valores

Novo saber

Reflexão

Relações

Conhecimento

Mudança

Compartilhar

Urgência

Participar

Filantropia

Amizade

Relações

Outra forma de administrar seu ócio criativo é cuidar do seu crescimento. O crescimento profissional, a vida quase lhe impôs, embora a defasagem seja ainda grande. O pessoal, porém, é um imperativo urgente devido às mudanças de valores e paradigmas que lhe exigem um novo saber viver e agir. Faça cursos, estude aspectos que gostaria de saber, engavetados pelas prioridades da vida. Quem sabe! Música, artes, filosofia, enologia, culinária, biologia? Pratique outras artes, como pintura, dança, teatro. Viaje, desde a viagem mais difícil ao seu interior até as mais belas ao mundo desconhecido. Hoje em dia, é simples viajar porque o turismo tornou-se a maior fonte de relações e de conhecimento.

Aumente o seu autoconhecimento fazendo uma análise de seus valores e coisas da vida. Pinte um quadro. Faça uma escultura e ofereça a um amigo. Descubra as coisas belas que guardou dentro das suas entranhas. Faça filantropia. Participe de uma ONG, compartilhando experiências, amizades, doando, entregando-se. O ócio criativo é o deus que lhe trará o lazer, a criatividade e a liberdade. Eleve-o, preze-o, ame-o.

Alguns dados para sua reflexão, segundo De Masi: o homem de Neanderthal viveu em média 250.000 horas trabalhando, buscando a sobrevivência. Nossos bisavós viveram, em média, 300.000 horas, trabalhando 120.000. Nós vivemos 700.000 e trabalhamos 80.000. Em 1800, os trabalhadores médios italianos dispunham de 25.000 horas de tempo livre. Atualmente, os jovens têm uma expectativa de vida de 530.000 horas; trabalham 80.000, empregam 220.000 com os cuidados pessoais e têm 226.000 horas de tempo livre. A proporção hora trabalhada versus tempo livre é de 1/7. Segundo De Masi, isto é por enquanto, porque "o ócio é um produto da civilização e da educação".

A mudança de cada dia
Sinfonia nº 3

Mesmo crendo que mudar é preciso, a Maestria apresenta barreiras quando se defronta com ela. Mudança desestrutura, mexe com o inusitado. Sair de um processo estruturado para uma nova forma de pensar e agir gera ameaças ligadas às necessidades de segurança, de sobrevivência. Embora a sobrevivência prescinda da mudança, mudar dói, mas é benéfico.

A mudança começa no interior de cada um de nós. Embora ela seja uma constante na vida, esperamos que aconteça mais aos outros. Talvez, por não conhecermos suas vantagens. Presos à nossa zona de conforto, esquecemos que mudar faz parte do processo de estabilidade e desenvolvimento do ser humano. Faz parte da sua sobrevivência.

Na verdade, resistimos à mudança por se tratar de um processo complexo. Está associada ao medo do inusitado e ao apego aos hábitos que impulsionam o sentido da continuidade, do pertencimento, da ligação, tão fortes no homem. O medo inconsciente de mudar é hoje estudado por *experts*, despertando-nos para as causas da sua resistência. E o que poderá alavancá-la.

É o caso dos velhos estudos de Chin e Benne sobre estratégias de mudança: a empírico-racional, a normativa re-educativa e a do poder coercitivo. A empírico-racional é baseada no pressuposto de que o homem, sendo racional, aceita a mudança quando percebe vantagens. A normativa re-educativa tem por princípio que as normas formam as bases para o comportamento humano. A mudança é vista como resultante da re-educação, em que velhas normas são descartadas, substituídas por novas. O poder coercitivo fundamenta-se no pressuposto de que a mudança é consequência do poder do mais forte sobre o mais fraco. Neste sentido, basta informar ou legislar para que as mudanças ocorram.

Mas o sociológico necessita do psicológico, porque a mudança não é uma questão de capacidade, mas da motivação, de escolhas livres, desejo. A zona de conforto é uma carapaça difícil de ser rompida. É preciso despertar a paixão, o prazer de mudar. Para Argyris e Schon, o processo é mais complexo. É preciso agir sobre os comandos internalizados de cada indivíduo determinantes dos seus padrões comportamentais.

Estudiosos no assunto descobriram que no aspecto mais primário é a reação instintiva à dor e ao prazer, e não o intelecto que faz a mudança acontecer. Este achado é baseado no princípio de que tudo o que o ser humano faz ou fará deve-se à necessidade de evitar a dor e ao desejo de obter o prazer. Mudar depende mais do psicológico do que do intelecto. Está ligado mais aos valores, crenças, emoções, do que às normas ou imposições.

Referências bibliográficas

AKOFF, Russel. L. Scientific method. John Wiley and Sons. Inc., 1967

ANSOFF, Igor. A nova estratégia empresarial. Ed. Atlas, 1990

ANSOFF, Igor. Do planejamento estratégico à administração estratégica. Ed. Atlas, 1981

COVEY, Steven. Os 7 hábitos das pessoas muito eficazes. Ed. Best Seller, 1989.

DE GEUS, Arie. A empresa Viva. Ed. Vozes, 1998

DE MASI, Doménico. O ócio criativo. Ed. Sextante, 2000

_____. A economia do ócio. Ed. Sextante, 2001

DRUCKER, Peter. Desafios gerenciais para o século XXI. Ed. Pioneira, 1999

_____. O melhor de P. Drucker – A Administração. Ed. Nobel, 2001

_____. O melhor de Peter Drucker – A Sociedade. Ed. Nobel, 2001

_____. O melhor de Peter Drucker – O Homem. Ed. Nobel, 2001

HANDY, Charles. A era do paradoxo. Ed. Makron Books, 1995

HESSELBEIN, Frances. A comunidade do futuro. Ed. Futura, 1998

MORIN, Edgar. A cabeça bem feita. Ed. Bertrand Brasil, 2001

NAISBITT, John. Megatrends 2000. Amana Key Editora, 1990

_____. Reinventar a empresa. Ed. Presença, Lisboa, 1987

PROCENGE. Seminário de planejamento de sistemas – textos, 1978

RAMACHANDRAN, V. S. Fantasmas no cérebro. Ed. Record, 2002

SENGE, Peter. A dança das mudanças. Ed. Campus, 2000

TOFFLER, Alvin. A Empresa flexível. Ed. Record, 1985

_____. Criando uma nova civilização. Ed. Record, 1995

_____. Powershift – As mudanças do poder. Ed. Record, 1990

_____. O choque do futuro. Ed. Artenova, 1972

WAITLEY, Denis. Impérios da mente. Ed. Campus, 1996

WENDELL, L. French. Organization development. Prentece-Hall Inc., 1995

Capítulo 4

▶Tecendo Caminhos◀

> *"Alguns homens vêem as coisas como são e dizem por quê? Eu sonho com as coisas que nunca foram e digo: Por que não?"*
> Bernard Shaw

Fazendo acontecer

O que representa esse símbolo para você?
Talvez não tenha significado especial.
A não ser o da beleza e harmonia do idiograma chinês.

"PERIGO"

Muitas vezes, o perigo nos é desconhecido, como o Idiograma.
Como a escassez do saber
E este outro símbolo?
É o Idiograma chinês que representa a palavra:

"OPORTUNIDADE"

Como nossas potencialidades.
"Belas adormecidas".
E juntos, o que significam?

危機

Você poderá fazer uma leitura de perigo ou de oportunidade. Na cultura chinesa é o Idiograma que representa a palavra:

"Crise"

O mundo sabe disso. Você também.
Crise poderá ter um significado de perigo ou de oportunidade.
Depende dos seus PARADIGMAS.
Depende do modo como você vê o mundo.
Mas o significado dessa leitura redundará num resultado muito diferente.
A vida é assim!
Suas realizações dependem dos valores que você dá aos estímulos.
E do modo como aprende a transformá-los em significados.

Ação ou reação

Faça agora uma pequena pausa para reflexão. Insira-se no ambiente em que vive: social, trabalho, amizade, família, lazer. Analise o seu mundo ao redor. Como você age, interage, reage? Lembre-se! Seu mundo é um mundo globalizado. Você faz parte desta teia viva que é o planeta Terra. Quais os problemas e oportunidades deste cenário? São cenários para a sua realização. Que leitura você faz dele? Como você atua? Como protagonista ou espectador?

Selecione deste cenário-ambiente as variáveis que fazem parte da sua vida. Normalmente, são áreas ligadas ao trabalho, política, família, lazer, educação. São também áreas intangíveis, como religião, amor, interação, amizade. Avance para a página 167. Faça o exercício completo da análise dessas variáveis. A continuidade do capítulo dependerá deste exercício.

Elaborada esta análise de contexto – uma amostra do seu ambiente relevante –, evidencie os itens, dentre os 40, sobre os quais você exerce controle efetivo ou atua diretamente. Grife as variáveis em que você concentra maior energia e tempo nas suas ações diárias. S. Covey orienta desenhar dois círculos, um dentro do outro. Página 163.

No círculo central, coloque todas as áreas grifadas. No periférico, as outras. Com este exercício, você identifica duas áreas muito importantes da sua vida: o círculo de influência – central – e o círculo de preocupação – periférico. Onde houver maior concentração de itens, estará a sua área dominante. A dominante tende a diminuir a outra área. Ela determina sua ações e reações; a forma como vê o mundo e reage. Enfim, como interage diante dos problemas e oportunidades.

Reflita sobre o seu círculo dominante. Atue sobre o círculo de influência. É ele que lhe levará à Maestria.

Um desvio no "deveria ser"

Um problema é apenas um desvio no "deveria ser".
Na terapia quântica, o problema é encarado como

> *"um potencial interno a ser transformado, ou mesmo, simplesmente revelado"*.

Na linguagem do empreendedor, *problema* é o seu ingrediente mais presente para efetivar as mudanças necessárias, desde que o veja como oportunidade, e atuar sobre o desvio. Um problema não é nada mais do que uma vida em ebulição, explodindo em criação. É uma abordagem subjetiva, que está dentro do seu círculo de influência. Encaixa-se em uma dessas três categorias, segundo Covey.

Controle direto

Problemas que envolvem o seu próprio comportamento. Está dentro do círculo de influência. Você os resolve trabalhando seus hábitos, sendo proativo, administrando-os.

Controle indireto

Problemas que envolvem o comportamento dos outros. Está dentro do seu círculo de preocupações. Você os resolve modificando seus métodos de influência.

Controle inexistente

Problemas nos quais você não pode interferir. Estão dentro do seu círculo de preocupação. Resolva-os assumindo responsabilidades de mudar suas atitudes em relação ao que não se pode modificar. Aprender a conviver com eles. Sorrir, mesmo nas adversidades.

Exemplo: a guerra. Infelizmente, você nada pode fazer.

A abordagem proativa representa o primeiro passo para a solução dos três tipos de problemas, começando pelo seu círculo de influência.

> Deseje primeiro, planeje depois e realize.
> Aprenda, aprenda constantemente.
> Realize proativamente.

"O homem é o que ele acredita."
Anton Tchecóv

Proatividade

O princípio da empreendibilidade

Stephen Covey, mestre da arte do empreendedorismo, apresenta uma receita simples e profunda para as pessoas que desejam ser eficazes. No best seller "Os 7 hábitos das pessoas muito eficazes" ele indica os passos – hábitos – para a maestria pessoal. Sou-lhe eternamente grato por ter aberto esse caminho que vem direcionando a minha vida de forma mais adequada, feliz e proativa. Ensinou-me que entre o estímulo e a resposta existe a liberdade de escolha. Obrigado, MESTRE.

Os 7 hábitos, segundo S. Covey

1. Ser proativo.
2. Começar com um objetivo na mente.
3. Primeiro o mais importante.
4. Pensar em vencer/vencer.
5. Procurar primeiro compreender.
6. Sinergizar.
7. Afinar os instrumentos.

O foco, nesse segmento, é a proatividade, o primeiro passo.

Ser proativo

ESTÍMULO ➔ LIBERDADE DE ESCOLHA ➔ RESPOSTA

Uma resposta "proativa" dependerá mais da "liberdade de escolha" do receptor do que do próprio estímulo. A autoconsciência, imaginação, desejos, aspirações, motivação e a vontade soberana desempenham um papel preponderante na leitura deste estímulo e na qualidade da resposta.

> "Entre o estímulo e a resposta, encontra-se a liberdade de escolha do ser humano."
> Viktor Frankl

A proatividade é a melhor das atitudes para criar circunstâncias e produzir ação. Está baseada no pressuposto – entre o estímulo e a resposta encontra-se o seu maior poder – a liberdade de escolha. Como ser humano, você deve ser responsável por sua vida. A proatividade se ampara no potencial inerente a todo HOMEM: autodeterminar-se e assumir responsabilidades para fazer as coisas acontecerem. A proatividade é inimiga da reatividade. Enquanto os reativos são influenciados pelas circunstâncias e pelo ambiente, os proativos são guiados por seus valores, princípios, mesmo dentro de circunstâncias adversas. A resposta ao estímulo é uma resposta à sua liberdade de escolha, livre, independente, sintonizada.

> "Ninguém pode feri-lo sem o seu consentimento."
> Eleonor Roosevelt

Ser proativo ou reativo é uma opção: ter o poder de escolher a reação. Esta liberdade é o bem mais sagrado dos seres humanos. A maestria pessoal pressupõe, antes de tudo, uma atitude proativa e positiva.

O Ser e o Ter

O círculo de influência está cheio de Ser.

"Posso ser mais paciente"
"Posso ser mais sábio"
"Posso ser mais carinhoso"
"Posso tomar minhas próprias decisões"

O círculo de preocupações está cheio de Ter.

"Ficarei feliz quando tiver..."
"Se eu tivesse um diploma..."
"Se eu tivesse mais tempo..."
"Se eu tivesse mais oportunidade..."

> A abordagem proativa trabalha sob o paradigma da mudança de dentro para fora.
> O foco dirige-se para o caráter.

Fazer acontecer

O maior efeito da proatividade

A abordagem reativa enfoca a mudança de fora para dentro, dando aos problemas o poder de controle.

A abordagem proativa enfoca o poder da ação no Eu. Eu sou, eu serei.

Essa é uma forma fácil de verificar em que círculo você se encontra através da linguagem do SER e do TER. O círculo de influência está cheio do SER.

> "O proativo trabalha sobre a única coisa que ele tem controle verdadeiro: Ele mesmo."

Reveja, agora, o seu Círculo de Influência, redesenhando-o, página 166.

Observe se houve modificações. Compare-o com o anterior.
Quais as áreas que mais sofreram modificações?
Problemas ligados ao controle direto?
Problemas ligados ao controle indireto?

Problemas de controle inexistente?

Como você enquadra o seu futuro? Como problemas ou como oportunidades?

Ele está sob seu controle direto ou indireto?

É através do círculo de influência que você pode modificar seus hábitos, seus métodos de influência, o modo como vê os problemas de soluções inexistentes. Conduzir melhor sua vida.

> *"Apesar de a prioridade poder recair sobre o uso de sua influência, as pessoas proativas possuem um Círculo de Preocupações que é no mínimo tão grande quanto seu círculo de influência."*
> Covey

Círculo de Influência X Círculo de Preocupação

Pessoas proativas concentram seus esforços dedicando tempo e energia no círculo de influência. Atuam sobre as variáveis que podem modificar, resultando numa energia positiva que leva à expansão do círculo de influência. Pessoas reativas concentram seus esforços no centro de preocupação. Enfocam sua energia e tempo sobre circunstâncias que não podem controlar e na fraqueza dos outros. Agindo dessa forma, geram energia negativa, a qual, somada à não-interferência em problemas nos quais poderiam atuar, provoca o encolhimento do círculo.

Pessoas proativas possuem um círculo de influência relativamente igual ao círculo de preocupação. Apesar de a prioridade recair sobre o círculo de influência, elas exercem a responsabilidade pelo uso eficaz desta influência. Não obstante, existem certas circunstâncias em que o círculo de influência é maior. É o caso de posições privilegiadas, fortuna, etc. Trata-se, entretanto, do resultado de um estilo de vida egoísta – "miopia emocional auto-infligida", como diz Covey – focalizado no centro de preocupações.

Um círculo com qualidade

Veja-se, agora, alimentando o círculo de influência com algumas das variáveis que fazem o mundo ser mais humano e belo: empatia, sinergia, amor, compartilhamento, ética. Acrescente humor, doação, esperança, otimismo, perseverança. São parte dos elementos transformadores do universo. Perceba que não é a quantidade, mas a qualidade, que expande o círculo de influência. São esses valores e princípios básicos do caráter e da personalidade que compõem a maestria pessoal.

Reflita um pouco

Ele lhe agrada? Por quê?
Poderá ser melhorado? Como?
Que outras variáveis você incluiria ou eliminaria?

Incluiria	Eliminaria

Redesenho-o utilizando a página 166.

O caminho não existe. Existe a rota. Cabe a você prepará-la, fazê-la a sua imagem. Siga o seu desejo, com a competência e a responsabilidade dos sábios.

> *"Só podemos tomar decisões no presente e, no entanto, não podemos tomar somente decisões para o presente; a decisão mais convincente, a mais oportuna – sem contarmos a decisão de não decidir nada – pode nos comprometer por muito tempo, talvez de modo permanente e irreversível."*
>
> Peter Drucker

CICLO DAS REALIZAÇÕES

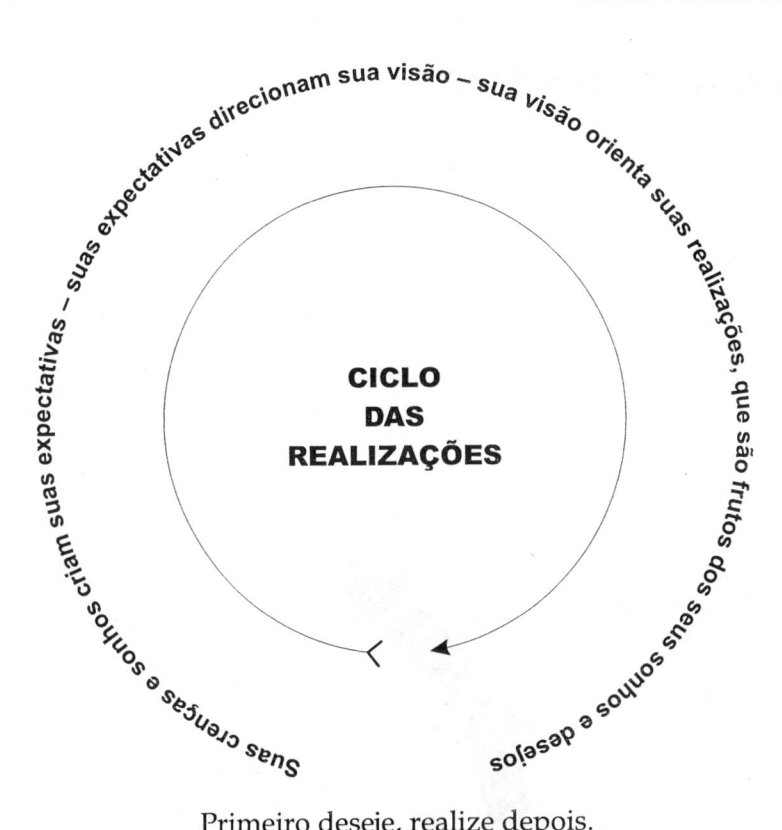

suas expectativas direcionam sua visão – sua visão orienta suas realizações, que são frutos dos seus sonhos e desejos. Suas crenças e sonhos criam suas expectativas –

Primeiro deseje, realize depois.
E acredite em você.

Porém seja antes um humilde aprendiz, fazendo a diferença no mundo; começando por você.
Sendo a pessoa que gostaria de ver e ser no mundo.

O amanhã está chegando...

PARA IR MAIS LONGE

"O desejo é o pai do pensamento."
Viktor Frankl

DESAFIOS DA MAESTRIA
Partitura VII

Cuidar do crescimento

Você aprende?

Você contribui?

Ânsia por desafios

Observar Observar Comparar

Comparar-se descobrir-se

Pontos fortes Pontos fracos

Esforçar-se Crescer Aprender

Talento Desejo Paixão

Benchmarking Pessoal
Como fazer o seu

Benchmarking é buscar o que existe de melhor na área para se tornar o melhor, colocando esses valores a trabalhar para você. É o que as grandes empresas fizeram e estão fazendo; observando, analisando, comparando-se com os grandes concorrentes. O benchmarking pessoal está fundamentado no autoconhecimento – pessoal e profissional: indica um ponto de referência; saber onde está. Sua prática concretiza-se no descobrir onde você está, agora, e aonde precisa chegar, a curto prazo.

Primeiro, é necessário que faça as seguintes perguntas sobre a sua carreira: 1.Você está aprendendo? 2. Se o seu cargo estivesse vago, você se candidataria a ele? 3. Qual sua contribuição? 4. Você tem prazer com o seu trabalho? 5. É capaz de preencher os novos requisitos para a sua carreira? 6. Seu coração ainda anseia por desafios? Não importa o saldo; faça seu benchmarking para buscar melhores indicadores de sucesso. Busque o seu significado: quando o encontrar, encantará o mundo.

Comece por selecionar ou enfocar alguns gurus, líderes, profissionais, pessoas no ramo do negócio e da sua vida. Compare-se e descubra se está alinhado na mesma direção e velocidade deles. Investigue o que estão fazendo, aprendendo – inclusive os concorrentes. Não se volte apenas para pessoas de sucesso, mas também para princípios e valores, seres íntegros que mereçam ser imitados, seguidos, amados. Conheça seus atributos – pontos fortes e fracos. Analise seus interesses e aprenda a diferenciá-los dos seus talentos; talvez sejam diferentes! Projete-se no futuro (entre no seu sonho e veja se lhe é adequado).

Teste. Veja se está atuando de modo a fazer o seu sonho acontecer. Esforce-se, cresça, aprenda: lembre-se de que adultos têm um desempenho em aprendizagem 10% superior a jovens universitários. Desenvol-

Pensar
Sentir
Agir

*Ponto
de
referência*

*Transformar
Agregar
Enriquecer*

*Formar-se
em
pessoa*

*Agregar
valor*

*Liderar o
processo*

*Atualização
permanente*

*Escolha o
caminho*

va o desejo e o talento de transcender-se. Faça seu benchmarking pensando: E se eu pudesse começar tudo de novo? O que eu faria? Como faria? Que valores, atitudes, práticas abraçaria? Onde empregaria o meu maior tesouro? – talento, desejo, força, paixão. Esse é o benchmarking das suas vitórias internas, as mais verdadeiras; bases para as externas. "Forme-se em pessoas", diz Scott McNely. Escolha o caminho que lhe leve à flexibilidade, empatia, relações e ética.

Denis Waitley recomenda fazer três perguntas nesta auditoria de vida: 1. O que preciso saber? 2. Quem preciso conhecer? 3. Que experiência preciso ter? A lealdade à profissão deve ser maior do que a lealdade à empresa. Embora a autoridade maior venha do mercado, do cliente, da globalização, vem também do coração o motivo para impulsionar uma nova forma de pensar, sentir e agir na sua vida pessoal e profissional.

Num ambiente globalizado, competitivo, é importante que nos atualizemos a cada dia. Aprender é parte do fenômeno da auto-organização, característico dos seres vivos. Um ser bem cuidado é um ser emocionalmente competente, produtivo, empreendedor e feliz. O termo Benchmarking foi popularizado quando a Xerox o usou para descrever um programa de qualidade, em 1980. O nome bench – banco – é usando pelos topógrafos para um ponto de referência.

Para realizar um benchmarking eficaz, é preciso ser observador criativo. Não somente copiar, observar, analisar, mas também transformar, enriquecer, agregar mais valor ao observado. E antes de tudo liderar o processo. Porque a criatividade é análoga à liderança.

Refogando a criatividade

"Ser criativo significa fazer uma coisa antes de tudo incomum."
H. Gardner

Maestria e Criatividade andam juntas. "Ser criativo é como preparar um refogado", diz Tereza Amabile, em "Espírito Criativo". Existem três elementos básicos: o ingrediente essencial, a capacidade de pensamento criativo e a paixão. O ingrediente é a proficiência, competência. Ninguém faz nada sem conhecimento. O pensamento criativo é "uma maneira de abordar o mundo que nos permite encontrar novas possibilidades e visualizar sua plena aplicação". A paixão é a dose certa da motivação, "um impulso de fazer algo por simples prazer. (...) A paixão é como o fogo sob a panela. Ele realmente aquece tudo, mistura os sabores e faz o tempero penetrar nos ingredientes básicos a fim de produzir algo que tenha um sabor maravilhoso".

Criatividade e maestria

Para ser mais criativo, é necessário que utilize alguns dos recursos que pululam dentro de você. Um deles é a vontade, uma força comum usada por todos os seres humanos: vontade de viajar, de realizar um projeto, passar num concurso. A vontade é *"a força que podemos utilizar para materializar objetivos. As pessoas criativas freqüentemente têm um senso de missão que as empurra para frente, mesmo quando as chances são contrárias"*, diz Goleman. Outro recurso é a alegria, *"o deleite que permeia uma atividade e a torna em si uma recompensa"*, continua. *"A intuição também. A fé coroa todos eles. Quando as pessoas têm fé em sua criatividade, demonstram uma clareza de propósitos capaz de estarrecer os que as cercam."*

"Embora a criatividade exija trabalho duro, ela se desenvolve mais agradavelmente se você a encarar com bom humor. O bom humor engraxa as rodas da criatividade."

Valorizando a intuição

A capacidade de tomar decisões intuitivas é um ingrediente básico da criatividade. Intuição significa relaxar o controle da mente racional e confiar na visão do inconsciente. Como a intuição não pode ser quantificada nem justificada racionalmente, costuma encontrar oposição no ambiente de trabalho. *"A intuição é o acrescentarmos à informação coletada"*, diz Carlzon. *Precisamos somar nossos sentimentos e nossas reações instintivas para tomar a decisão correta."* Este trio – criatividade, liderança e intuição – é tripé do benchmarking.

Mais forte, ainda, é a sua concepção com relação ao futuro. É preciso observar o objeto do desejo com olhos de amanhã, com o sonho possível, com a expectativa de transformar o impossível.

Segundo Jerome S. Bruner, a intuição implica o ato de captar o sentido, o alcance ou a estrutura de um problema ou situação, sem dependência explícita do aparato analítico. Pela intuição poderá, muitas vezes, chegar a soluções para problemas insolúveis por meio do pensamento analítico. O pensamento analítico implica caminhar passo a passo, enquanto o intuitivo caracteriza-se por não progredir por passos cuidados e bem definidos. Tende a incluir artifícios aparentemente baseados numa percepção implícita do problema total. Comumente, o pensamento intuitivo repousa sobre a familiaridade com o assunto envolvido e com sua estrutura, o que permite ao pensamento dar saltos, passar por sobre certas etapas, criar e utilizar atalhos.

Carreira ou projeto de vida
A realização do sonho

DESAFIOS DA MAESTRIA
Partitura VIII

Ter um projeto de vida

Projeto de vida

Vitórias internas externas

Aspirações e perspectivas

Energia vital

Desejo e perseverança

Em que consiste sua carreira? Nela há espaço para a felicidade? Há lugar para as relações transformadoras? A aprendizagem e a mudança estão sempre presentes? Você cuida da sua carreira? Ela lhe serve? Sua carreira poderá ser um processo facilitador na busca do significado de sua vida se estiver integrada a uma dimensão mais ampla – um Projeto de Vida.

Projeto de vida é a expressão mais forte das aspirações, perspectivas e planos que se concretizam no fazer acontecer, na sua realização pessoal e profissional. Um projeto de vida é uma bússola que orienta a trajetória em busca do ter e do ser, do doar e do receber nas relações do trabalho e do viver. Na verdade, a vida tem se encarregado de forjar o seu projeto. Como a família, a escola e a sociedade. Você nunca foi consultado; não restou espaço para os seus sonhos, desejos, esperanças, paixão, talento. Foram projetos manufaturados por outros. Esqueceram que "as pessoas são as arquitetas dos seus próprios destinos".

Talvez você não tenha, ainda, refletido sobre o seu projeto de vida por medo ou por omissão. Maslow já advertia: "O medo de saber é no fundo o medo de conhecer". Pode ser que o seu projeto não tenha a sua cara, porque está faltando a confrontação face a face para uma avaliação mais profunda da adequação

Entusiasmo

*Despertar
Desejar*

*Fazer
acontecer*

Autogerenciamento

Fazer a diferença

*Confrontação
Avaliação*

*Transformação
Recomeço*

*Desempenho
Resultados*

*Segunda metade
da vida*

com suas aspirações e realidade. Um projeto de vida é tão importante para o sucesso e felicidade quanto o ar que você respira!

É necessário que você cuide do seu projeto de vida. Nunca é tarde para recomeçar. "A soma de todos os nossos dias", diz Lewis Mumford, "é apenas o nosso recomeço". E o recomeço é uma forma de transformação. Peter Drucker fala de alguns aspectos úteis para avaliar se se está no rumo certo: 1. Conheça seus pontos fortes e coloque-se onde eles possam produzir bom desempenho e resultados; 2. Analise seus valores e veja se lhes são adequados; 3. Concentre-se nas suas áreas de competência e aptidões; 4. Analise como aprende e se relaciona; 5. Qual a sua contribuição? "O autogerenciamento exige o preparo para a segunda metade da vida", afirma Drucker.

Analise, também, onde você emprega essa energia vital, que nunca deve ser desperdiçada. Ela facilita o alcance dos seus objetivos e expectativas? Ela é congruente com seus valores e paradigmas? Suas vitórias internas e externas estão relacionadas com o emprego dessa energia? Não deixe o pulsar do seu coração e o poder da motivação serem movidos por um falso projeto. Desperte o desejo de começar de novo e fazer a diferença no mundo. Aliás, o desejo é o mais realista das atitudes e parceiro do sonho. Explore, avalie o seu projeto, e ele trabalhará para você.

"Toda exploração deve ser alimentada pela esperança", diz Marilyn Ferguson. Seu projeto de vida poderá ser a peça que falta na engrenagem do aprender a aprender, para crescer e mudar – ser uma pessoal global. Neste novo milênio, diga sim ao seu sonho. Transforme-o na alavanca fundamental para fazer acontecer – seu projeto de vida.

Um projeto de vida é como uma profecia. Poderá ser realizada. Normalmente, as pessoas quando fazem seus projetos de vida enfatizam, apenas, o lado profissional. Para ser completo, o projeto deve conter as três dimensões que fazem o homem ser mais diferente e pleno: a profissional, a psicossocial e a espiritual. Valores do ter, do ser, do fazer.

Referências bibliográficas

BRUNER, Jerome. O processo da educação. Cia. Editora Nacional, 1975
COVEY, Steven. Os 7 hábitos das pessoas muito eficazes. Ed. Best Seller, 1989
DRUCKER, Peter. O melhor de Peter Drucker – O Homem. Ed. Nobel, 2001
DRUCKER, Peter. Desafios gerenciais para o século XXI. Ed. Pioneira, 1999
_____. A organização do futuro. Ed. Futura, 1997
FERGUSON, Marilyn. A conspiração aquariana. Ed Record, 1980
HANDY, Charles. A era do paradoxo. Ed. Makron Books, 1995
HESSELBEIN, Frances. A comunidade do futuro. Ed. Futura, 1998
HSM do Brasil. *Revista HSM*, 2002
NAISBITT, John. Megatrends 2000. Amana Key Editora, 1990
WAITLEY, Denis. Impérios da mente. Ed. Campus, 1996

Capítulo 5

▶O Ambiente Relevante◀

"Este é o fim do mundo como conhecemos."
Peter Georgescu

Mundo em transformação

O lugar onde você faz as coisas acontecerem, agora.

Aumenta a dependência a drogas. Craque, cocaína, álcool, maconha, tabaco e cola invadem as ruas, as cidades, os lares. Atingem, especialmente, adolescentes e até crianças, preocupando o governo e a sociedade.

Meninos de rua, abandono, prostituição infantil, comércio de sexo. Um futuro negro para os profissionais do amanhã. Gravidez precoce, mães meninas, pais adolescentes, abortos, estupros aumentam nas estatísticas de terceiro mundo, primeiro mundo.

Violência, assaltos, acidentes de trânsito, insegurança no direito de ir e vir. Lares desfeitos, pais solteiros, mães solteiras, divórcios crescentes. Velhice carente, abandonada. Multidão sem se encontrar. Novas doenças, velhas doenças, hospitais lotados, pobreza. Falta de pão, de teto. Falta de ar, lar, estar, ser, ter, conviver. Ser cidadão.

Desencontros entre governos e povos. Falta de verba, saúde, educação, trabalho, amor, compreensão, interação, participação, integração.

Ganha-perde, perde-ganha, perde-perde. Planeta global sem pessoas globais; gente incompleta, carente, pedinte, que não doa. Falta de emprego, trabalho, suor para ganhar o pão. Organizações morrendo. Migrações para países ricos. Êxodo rural. Falta de terra, excesso de terra. Pouca produtividade. Lucratividade para poucos, perdas para muitos.

Uma luz nas sombras

A esperança de um mundo melhor coexiste com esse quadro de mundo em derrocada. O mundo é bom, a terra é boa, o país é bom. Há tudo para todos. Resta-nos aprender a repartir. Repartir o desejo, repartir a ação, encontrar o caminho, juntos compartilhando. A mentalidade de abundância aparece como um novo valor, dizendo que existe o suficiente para todos, em época de crises e oportunidades. O futuro será promissor para os seis bilhões de seres humanos.

Explosão do conhecimento
Ócio criativo
Lazer e conexão
Aprendizagem e mudança
Comunicações

Surge um novo estilo de vida. O lazer aumenta, como forma de superar o estresse, de criação, e até às vezes distração. Viver o ócio é o novo paradigma. O homem viaja, corre mundo e descobre o seu mundo. As minorias se fortalecem, ganham espaço. O poder feminino eclode.

O poder "sobre" está cedendo lugar para o poder de "compartilhar", de clamar, chamar a todos à responsabilidade de participar, de opinar, de construir juntos.Todos seremos responsáveis pela condução dessa *"nave especial"*.

O homem aprendeu a buscar as informações, o conhecimento. O poder, hoje, é o conhecimento. Quem o detém possui poder. Quem partilha a informação é poderoso. A cada ano, mês, semana, dia, hora, aprendemos mais e necessitamos mais aprender. Aprendizes serão os condutores dessa nave.

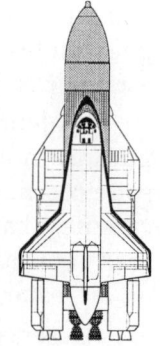

Surge o desenvolvimento auto-sustentável, a preocupação com a ecologia. O homem começa a se preocupar e valorizar o seu planeta – o planeta azul. A natureza é esgotável, nunca será tão farta como antes: a água, o solo, os mares, o ar são os nossos bens mais preciosos. Tudo que fazemos aqui na terra, fazemos a nós mesmos, ao nosso lar maior. O homem aprende rápido que sozinho não poderá avançar nos seus sonhos, atingir suas metas, porque é tripulante dessa bela nave. Não há mais passageiros. A Teia da vida começa a ser formada: uma rede humana, feita de relações, afeto, integração, sonhos, conhecimentos.

O homem vive nessa aldeia global. As comunicações são globais, rápidas, precisas, *on-line*. Os computadores, os celulares, a Internet, a intranet, extranet, os e-mails, homepages, satélites, supersônicos, ultra-sônicos realizam o desejo da interação, mesmo fria, até chegar à interação do homem com ele mesmo e com os outros...

A biogenética, bioética, clonagem, pesquisas, shoppings virtuais, viagens espaciais e dentro de você mesmo. Aprenderá a conviver com o desconhecido já conhecido.

A defasagem entre o futuro e o presente é insignificante. A cada passo você está no futuro.

O homem pensa no futuro.

O futuro será o seu lar mais promissor.

Resta fazê-lo acontecer.

Mundo organizacional

O homem cresce, aprende, especializa para se tornar escravo da sua ocupação: uma escravidão ocupacional, sem feitores nem senzalas. Deixa seu lar, cedinho, correndo em direção à nossa organização; uma nova forma de senzala. Nelas, permanece por oito, dez horas, realizando objetivos. Mas os objetivos de quem? Deixa filhos, famílias, lares para doar o saber e ter às organizações. E o ser?

Ao chegar às fábricas, deixa seu coração e desejos no portão. E torna-se um robô humano, acostumado a fazer sem pensar, sem sentir, em função de um troco, um salário... Os lares se esvaziam durante o dia. As organizações ficam festivas, pululam seres (humanos?), atrás da sobrevivência. Nunca têm direitos a voz nem voto. São suficientemente inteligentes para receber e cumprir ordens.

Os seres humanos entram e saem das empresas sem encontrar o significado para o seu trabalho, para suas vidas. As empresas exigem somente as suas cabeças, desconhecem os seus corações. As empresas são mães que adotam filhos, assumem compromissos com eles, mas em troca eles lhes servem, dia a dia, até a ruptura, depois de dedicação de trinta/trinta e cinco anos de suor e vida. E começa tudo de novo. O homem não sabe mais viver sem correntes...

Mas é na empresa que o homem tem construído nações, através do trabalho, com o seu suor, saber e ser. Tem compartilhado sua vida, desenvolvendo-se e criando o futuro. É também na organização que o homem se socializa, se atualiza e se gratifica através de uma ação coletiva. Nessa interação, o homem também vem transformando a empresa, exigindo um ambiente mais satisfatório. O capital humano se impõe.

Como resultante, as empresas estão se reinventando. As pessoas começaram primeiro sua reinvenção, desejando contribuir de forma diferente, mais humana, mais eficaz: lançar-se um desafio mais produtivo, em que a qualidade humana seja a constante para produzir mais qualidade. Já era tempo de se buscar novos paradigmas, novas formas de repensar a organização como um organismo vivo, que aprende, muda, cresce. Naisbitt nos contempla com sua sabedoria, fornecendo contribuições que promovem o crescimento individual nas empresas, procurando atender às necessidades humanas, tornando as empresas mais flexíveis.

- Pessoas mais bem preparadas, brilhantes gravitam em torno de empresas que promovem o crescimento individual;
- O novo papel do gerente é o de treinar, ensinar e orientar;
- Os melhores talentos almejam propriedades em uma empresa – psicológica e literalmente; as melhores empresas oferecem essa possibilidade;
- As empresas estão cada vez mais utilizando serviços de terceiros, passando de mão-de-obra própria para mão-de-obra contratada;
- A administração autoritária está cedendo lugar a um estilo de administração baseado em pessoas e redes de relacionamentos;
- O *entrepreneurship* e, dentro das organizações, o *intrapreneurship* estão criando novos produtos e novos mercados, revitalizando as empresas de dentro para fora;

- Qualidade passa a ser mais fundamental;
- Criatividade e intuição estão desafiando a filosofia das escolas de administração em que "tudo está nos números";
- As grandes organizações estão buscando emular as qualidades positivas e produtivas das pequenas empresas;
- O surgimento da economia da informação está promovendo uma mudança massiva – de infra-estrutura para qualidade de vida.

Reflita um pouco:

Como será sua vida profissional daqui a dez anos?
Trabalhando na sua empresa?
Desenvolvendo outras atividades?
Que outras atividades você gostaria de exercer na sua empresa? Fora dela?
Você já tem as habilidades necessárias? Quais? Veja Círculo de Influência.

Novo trabalho

Tornando as pessoas mais produtivas e felizes, empregadas, empregáveis, empreendedoras, donas dos seus próprios negócios. E de suas vidas.

Surge atualmente um novo ideal sobre o trabalho. Transformar o trabalho num valor gratificante, até divertido, nunca um castigo. Quando as empresas assumem o pressuposto de que elas dependem mais do capital humano do que dos equipamentos e capital financeiro, aí se dá o ambiente para a reinvenção do emprego.

Pesquisas mostram que cada vez mais as pessoas buscam qualidades como:

- trabalhar com pessoas que as tratem com respeito; fazer coisas interessantes;
- obter reconhecimento por bom trabalho;
- ter oportunidade para desenvolver habilidades;

- trabalhar com pessoas que as ouçam;
- trabalhar com executivos eficientes;
- executar tarefas que sejam desafiantes;
- ter uma oportunidade de pensar por si mesmas;
- ver os resultados finais de seu trabalho;
- sentir-se bem informadas sobre o que está acontecendo;
- Compartilhar.

Estudo da "Public Agenda Foundation" – 1983

As pessoas são o capital mais importante da organização. Todos sabem disso. E se existe um fator que realmente fará a diferença num mercado de trabalho competitivo, em que prevalece uma aguda escassez de talentos, é o investimento no desenvolvimento pessoal.

Idéias já praticadas pelas empresas modernas, para tornarem-se mais atrativas:

Segundo Naisbitt

- Instituir horários flexíveis e criar um ambiente intelectual estimulante;
- Organizar experiência de viagens-estudo, como, por exemplo: premiar pessoas criativas com "sabbaticals";
- Estruturar os cargos de forma holística;
- Movimentar pessoas lateralmente entre funções;
- Transformar organizações num lugar onde as pessoas cresçam;
- Produzir e trabalhar em casa;
- Sentir-se bem informado sobre o que está acontecendo;
- Aceitar o bom senso (intuição) como forma de, junto a dados numéricos, melhorar o processo decisório;
- Criar um ambiente de aprendizagem e inovação constantes;
- Viver o paradigma de que as pessoas são o seu bem mais precioso;
- Sentir-se bem informado sobre o que está acontecendo;
- Institucionalização de um estilo de administração em redes, em que as pessoas aprendem umas com as outras.

Características valorizadas nos empreendedores:

- Visão para perscrutar o que irá acontecer em longo prazo, sem perder o leme para o curto prazo;
- Foco para se centrar nas decisões de curto, médio e longo prazos sem se desviar do caminho;
- Conectividade para estar globalmente ligado, atuando localmente;
- Conhecimento e informações suficientes para acompanhar as mudanças e transformações, transacionar com o mundo e com outros empreendedores;
- Capacidade de liderança para enxergar o caminho sob as densas florestas;
- Gerência para saber seguir o caminho;
- Auto-atualização constante para acompanhar as mudanças;
- Competência relacional;
- Controle e flexibilidade para interagir com as mudanças e relações;
- Auto-liderança, crer para ver, compartilhamento, proatividade, humor;
- Controle e flexibilidade suficientes para agüentar as tormentas.

Sonhar, desejar, criar...

"À medida que a cultura se torna mais complexa, a ciência mais abrangente, as escolhas mais diversas, nós necessitamos de uma compreensão com todo o cérebro como nunca necessitamos antes: o cérebro direito para inovar, sentir, sonhar, insinuar.
O esquerdo para analisar, verificar..."
Marilyn Ferguson

MAESTRIA PESSOAL – PRÁTICA DE EMPREENDIBILIDADE

FAZENDO ACONTECER

CRER
OUSAR
QUERER
VISUALIZAR
EMPATIZAR
SINERGIZAR
EMPREENDER
ULTRAPASSAR
REAPRENDER
COMPARTILHAR
SONHAR GRANDE
AUTO-ATUALIZAR-SE
AUTODETERMINAR-SE
SER FLEXÍVEL E MUDAR
APRENDER FOCALIZAR, PLANEJAR, AGIR
DESEJAR DESEJAR DESEJAR

Imagine-se, agora, escalando a montanha dos triunfadores. Nela só alcançam o topo as pessoas competentes. Comece a pensar quais as ferramentas – comportamentais, profissionais, sociais, éticas, ecológicas, que você precisa para lhe apoiar nessa subida. Escreva tudo que lhe vier à cabeça.

MAESTRIA PESSOAL

A base é o desejo. A competência, o aprender, o agir.

Acrescente algumas características que você considera importante

Como catedrais

A
Vida deve
ser como as ca-
tedrais: imponentes e
majestosas por fora; puras
e santificadas por dentro. A filosofia de catedrais, com seu princípio
de edificar para a eternidade, está dentro
de você. Está imbuída na filosofia de se viver o
presente cheio de esperança, doação, amor. Pelo fato
de tantos homens terem construído "catedrais", isto deixa
de ser um valor para se tornar prática. Uma prática imortal quando se deixa um legado de realizações, vitórias internas e externas que
se integram à Humanidade.

Construir catedrais não é abdicar de valores materiais. O homem é feito do Ter e do Ser. Não é preciso ser um solitário eremita. As pessoas necessitam umas das outras porque "o eu precisa do nós para ser totalmente eu". Não é necessário ser superdotado. Os homens simples constroem a humanidade. São aqueles que acendem suas pequenas luzes na escuridão do anonimato. Eles encontram no fazer o sentido da **ligação**, da **direção** e da **continuidade**. O sentido da continuidade está ligado às catedrais; o sentido da ligação à interdependência, pertencimento – cola que unifica a humanidade. O sentido da direção – ter uma causa, um porquê – impulsiona o desejo e a responsabilidade. *Acreditando* as pessoas transcendem em busca de uma finalidade – o sentido do viver uma vida plena.

Como as catedrais poderão ser suas relações, perpétuas. Como as catedrais deverão ser suas realizações, majestosas. Assim foram feitas as grandes igrejas, por gente miúda, mas com a crença e o desejo de perpetuar um feito digno para a Humanidade. Construa suas catedrais com pedras fundamentais de vitórias, de fé, de dignidade, de esperança.

PARA IR MAIS LONGE

"Saber não basta; é preciso aplicar.
Desejar não basta; é preciso fazer."
Göethe

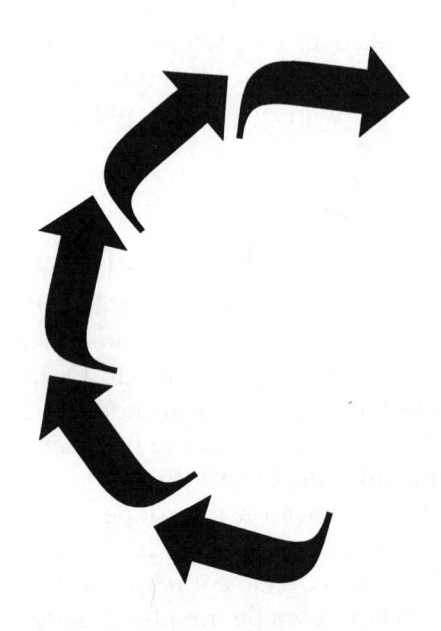

A empresa do Século XXI
O ambiente do trabalho e do aprendizado

DESAFIOS DA MAESTRIA
Partitura IX

Atualizar-se

O novo século estará mais exigente do que nunca

Ele só aceitará parceiros

Visão estratégica interdependência empowerment parceria

Compartimento com missão e foco na visão

Criar o mundo a nossa volta

"Na economia baseada em conhecimento, a nova moeda é o aprendizado", diz Robert Reich. Sem dúvida, essa será a marca das organizações que desejarem se sobressair no novo milênio. Buscar informações, reaprender, quebrar velhos paradigmas e incorporar novos já é uma constante das empresas vencedoras.

A empresa viva é a empresa que aprende, que se adapta, sensível às mudanças do ambiente interno e externo. Através desse saber elas incorporarão a flexibilidade, velocidade e inovação como valores para o século XXI. Na verdade, não existe um fator mais importante quando uma empresa humanizada prioriza a essência de seus talentos sem abrir mão de tecnologias de ponta, forma parcerias com seus clientes, abre fronteiras para a globalização e competitividade.

Aliás, a organização do futuro não será só isso. O novo século estará mais exigente do que nunca. Ele não aceitará patrões, só parceiros ecologistas, éticos em suas estratégias desenvolvimentistas: sistemas sociais interdependentes, sinérgicos, e antes de tudo auto-reguladores. Quando se pensa em comunidades emergentes para o futuro, cogita-se em redes de interação humana com princípios e objetivos comuns, autoconscientes, agregando valor com paixão e excelência. "Estamos seguindo a direção de uma sociedade organizada em rede em vez de constituída de funcionários", ressalta Peter Drucker.

A empresa de hoje e do futuro não será mais a cabeça, o empregado às mãos. As pessoas constituirão o cérebro e o coração, uma vez que a competência organizacional será baseada nos princípios da visão estratégica, interdependência, empowerment e parcerias. Tais princípios abrangerão métodos para envolver e inspirar as pessoas, equipes e alianças, adquirir e empregar o conhecimento. As organizações do século XXI serão aquelas que saberão definir metas e atingir

Redes de interação

Sistema ganha-ganha

Visão sistêmica

O mundo a nossa volta

seus objetivos compartilhados com o capital humano, clientes e comunidades. Um sistema ganha-ganha em busca de satisfação e resultados. Comprometimento com a missão e foco na visão, pensamento estratégico e renovação cultural serão suas constantes.

"No futuro, entretanto, podemos ver que as organizações serão bem diferentes, muito mais semelhantes a redes do que a máquinas. Percebemos isso de forma racional, mas nossos corações ainda estão presos às máquinas. Se não pudermos mudar nosso pensamento e nosso discurso, tropeçaremos e cairemos", diz Charles Handy.

Poderemos ser reativos ou proativos na construção das organizações do amanhã. A empresa do novo milênio herdará nossas fraquezas e virtudes. Como e com o que deveremos contribuir? Doaremos o melhor. Poderemos escolher, e nessa escolha criaremos o mundo a nossa volta. Não será muito! Estes são os valores – o que prezamos e exigimos para nós. Como disse Gandhi, "poderemos ser a mudança que desejamos ver no mundo".

DESAFIOS DA MAESTRIA
Partitura X

Atualizar-se mais

Preparar-se para um novo perfil

Romper correntes da escravidão

Pessoas que o mercado procura
Busca de talentos

Preparar-se para o novo perfil do mercado em um fértil e competitivo ambiente é a meta dos profissionais eficazes – os empreendedores. O sonho, o desafio de vencer, caracterizam esse novo fenômeno – o triunfo do indivíduo sobre o anonimato do coletivo. Nunca o mercado de trabalho esteve tão aberto para esses empreendedores. Cada vez mais, eles são poderosos, influentes, alavancando mais mudança que as próprias organizações. Aliás, as pessoas sempre foram fontes de mudanças, lideradas. Agora, são seus próprios líderes impulsionadas pelo desejo da autorealização. À medida que abdicam de antigos paradigmas, projetam-se em direção a um ambiente mais exigente e mutável; novo cenário desses profissionais visionários.

Criar novos saberes

Com a passagem do poder institucional para o individual, graças à informação, ao conhecimento, à formação de redes humanas, empodeiramento, os indivíduos rompem as correntes da escravidão ocupacional para ser livres, autônomos. Guerreiros caçadores de oportunidades. Mas essa busca de excelência exige libertar-se das restrições limitadoras dos velhos paradigmas, para a criação de um novo perfil. Desaprender receitas superadas para a criação do modelo ideal do novo indivíduo – empregável em qualquer parte do mundo, capaz de transcender suas potencialidades pelo prazer da ocupação libertadora.

Habilidades socioemocionais que o mercado precisa

Porque as organizações estão se reinventando, os indivíduos conscientizam-se para essa realidade, recriando-se. E lançam-se como pessoas capazes de atrair melhores oportunidades. São talentosos. Vencem dificuldades e crises; rompem barreiras com criatividade, intuição. E, à medida que o conhecimento passa a ditar novas regras, criam novos saberes.

Arte de viver com significado

Visualizar o futuro, estar conectado em vez de lutar contra o passado são suas marcas. Outras habilidades: capacidade de orientação própria, correr riscos, crença em si mesmo e no futuro, visão foco, ação. E muito amor ao seu sonho. Entretanto, são as habilidades socioemocionais que esse mercado mais busca: pessoas autodeterminadas, éticas, aprendizes, humildes e iguais. Empáticas, sinérgicas e esperançosas. Profissionais doutores em fazer da vida e da sociedade um espaço para compartilhar a arte de viver com significado ao lado da permanente e transformadora parceira: a tecnologia.

Aprendizes humildes iguais

Buscar a excelência

Esses são os profissionais que o mercado procura. Não são perfeitos, mas buscam a excelência. Têm luz própria, embora não ofusquem os que estão acima ou abaixo. Iluminam a todos que estão ao seu lado.

O mundo em transformação
Muito mais do que se pode imaginar

Naisbitt expressou bem claro as principais megatendências para o novo milênio, há tantos anos, embora ainda sirvam de padrão para o futuro. No seu best seller Megatrends 2000 ele explicita as mudanças, ou quase todas, os paradoxos e novos paradigmas emergentes com os quais o homem já está apreendendo, experimentando, evitando ou convivendo. Após doze anos, ainda se impõem.

A explosão econômica global, o renascimento nas artes, a emergência do socialismo de mercado, globalização do estilo de vida, a era da biologia, lideranças, ascensão do pacífico, renascimento espiritual, o triunfo do indivíduo, a essência da inovação, os paradigmas emergentes, o poder e a política, economia e educação já fazem parte das grandes mudanças. É bom você dar uma revisada nesse livro real de tanto poder de previsão, porque as coisas estão acontecendo ao seu redor. Não se pode mais ficar alienado às mudanças, especialmente a sua necessidade de mudança. Elas vieram para ficar, permanecendo pouco ou se instalando por décadas.

"Captar e compreender as grandes tendências que estão se delineando para os próximos anos é tão vital para as organizações quanto gerenciar os problemas do dia-a-dia", expressou a Amana Key. Complementando, um profissional, um ser humano que deseja buscar o seu crescimento pessoal e profissional, também não pode ficar alienado a um cenário que muda, aparece e desaparece a cada momento em seu ambiente social e profissional. *"Conseguir se colocar acima das turbulências de curto prazo e enxergar as transformações mais amplas e consistentes que ocorrem no ambiente é algo essencial aos executivos e empreendedores nos dias de hoje. (...) São desafios que devem ser encarados não apenas como 'mais problemas', mas como algo estimulante, positivo, nutriente. Transformações trazem sempre fantásticas oportunidades"*, apregoou Amanda Key, há mais de dez anos, numa de suas literaturas exclusivas para empresas e empreendedores.

Imaginamos no futuro próximo qual será a reação do homem sobre o futuro!

A economia da informação dará lugar à bioeconomia?

As qualidades dos seres humanos serão transmitidas aos computadores?

A globalização acabará com a diversidade?

A longevidade melhorará a qualidade de vida?

E, como diz Stan Davis: "Como poderemos aceitar a evolução e ao mesmo tempo acreditar que ela pára conosco?"

O que mobiliza os empreendedores
Sinfonia nº 4

Empreendedores são pessoas simples que se mobilizam por coisas simples. Transformam simplicidade em sonhos concretos. Aprendem a conviver com o contexto de mudanças constantes e riscos permanentes. "Não são muito audaciosos, nem criativos, nem geniais. Muitas vezes não são os primeiros a chegar, mas sim os melhores na hora de executar. Não arriscam tanto como as pessoas crêem", diz o professor Amar Bhidé, da Columbia University.

Em termos de características pessoais, "uma das coisas que o distingue do resto dos indivíduos do mundo dos negócios é sua alta tolerância à ambiguidade", continua. Toleram como poucos conviver com a incerteza. Isso significa seguir em frente com poucas informações, pouco capital e até sem idéias inovadoras. Os empreendedores demonstram aguçada percepção, controle de si mesmos e vendem bem suas idéias. "Entretanto, são sua capacidade de adaptação e velocidade que os distinguem."

Outras características do espírito empreendedor: 1. Busca de oportunidades – conhecer as variáveis que as qualificam como uma vantagem competitiva, visualizando riscos e vantagens. "A busca de oportunidade é um elemento inerente ao espírito empreendedor e também está relacionada com a ambição", diz H. Stevenson. Mas o importante é manter o foco na oportunidade. 2. Confiança em si mesmo ao lado da humildade; a primeira para encorajá-lo a mover o mundo, ousar; a segunda para torná-lo um simples ser humano compartilhante. 3. Capacidade de adaptação. Os grandes empreendedores adaptam-se, obtêm informações do ambiente que transitam e reagem modificando a sua conduta. 4. Compromisso com a inovação e disposição de correr riscos; atrever-se e experimentar. Tentar, testar. 5. Valorização da mudança. "Se alguém quiser estimular seu espírito empreendedor, é melhor que acorde um pouco com medo." "Os empreendimentos mais promissores tendem a se desenvolver em mercados com alto grau de incerteza, onde estão ocorrendo mudanças e oportunidades."

Outras características: Criatividade prática. Saber executar não só suas idéias como também as idéias dos outros. Empreendedores bem-sucedidos começam introduzindo pequenas modificações em idéias já desenvolvidas. Nada se cria, tudo se transforma. Tornar-se rapidamente operacional. Gerar lucros e resultados o mais rapidamente possível, funcionando de modo que se torne rentável o negócio, com metas de curto prazo. O importante – em lugar de planos fantásticos – é utilizar oportunidades que possibilitem vantagens de curto prazo durante os primeiros anos. Trabalhar mais duro, e não dormir nunca em cima dos louros. Recomeçar sempre, avaliando sua conduta, metas, estratégias.

DESAFIOS DA MAESTRIA
Partitura XI

Competir

É buscar outros indicadores

Você tem prazer no trabalho?

Você está aprendendo?

O poder vem da expertise

O motivo vem do coração

Como anda sua profissão?
Inseri-la no contexto

Como avaliar se sua profissão está no rumo certo? Existe carreira vitalícia? É melhor ser um generalista ou especialista? Se você ainda não se deu ao luxo de fazer esta reflexão, outros mais espertos já a fizeram! Os antigos sinais de sucesso e os sinais de problemas são outros. Como conceber e executar uma estratégia quando empresas e instituições não conseguem acompanhar a realidade econômica? É preciso buscar outros indicadores.

Segundo Richard Moran, da Price Waterhouse, hoje, os sinais são mais sutis. Veja alguns: 1 – Você está aprendendo? 2 – Se o seu cargo estivesse vago, você se candidataria a ele? 3 – Você está sendo explorado? 4 – Você sabe qual a sua contribuição? 5 – O que você faria se o seu trabalho desaparecesse amanhã? 6 – Você tem prazer no trabalho? 7 – Você está preocupado com o seu emprego? Segundo Kotter, "quando você já não aprende nada onde está, está na hora de sair do lugar". Você já fez um benchmarking de seu trabalho da sua carreira? Seu coração ainda anseia por novos desafios? Você é capaz de preencher todos os novos requisitos demandados pela sua carreira (nova), trabalho? Busque resiliência, não segurança. Monitore sua contribuição, não sua posição.

Lembre-se: as pessoas são avaliadas não verticalmente, segundo cargo e status, mas flexivelmente, de acordo com a competência. A velocidade da criação de empregos especializados e técnicos é cerca de 50% superior a da eliminação de empregos. Veja a chance! A automação e empowerment eliminam a necessidade de os gerentes supervisionarem estruturas de trabalho. Tudo agora gira em torno de projetos, com começo, meio e fim. Uma carreira é uma série de trabalhos, não uma série de passos. Na nova organização, o poder vem da expertise, não da posição. As carreiras se fazem no mercado, não em hierarquias. A

Nova forma de pensar, sentir e agir

Busar a resiliência

escolha fundamental da carreira não se dá entre uma empresa e outra, mais sim entre a especialização e a generalização.

"A sabedoria convencional diz que é melhor ser generalista. A lealdade à profissão (carreira) deve ser maior do que a lealdade à empresa. "É melhor associar sua alma ao talento "Forme –se em pessoas", aconselha Scott McNely. Escolha o caminho que lhe leve à flexibilidade. Uma pessoa que aposta sua carreira em uma especialidade é como um investidor que coloca todo o seu dinheiro em uma ação. A autoridade maior vem do mercado, do cliente. Mas vem do seu coração o motivo para impulsionar sua nova carreira, talvez a mesma, mas uma nova forma de pensar, sentir e agir.

Tom Peters — O Círculo da Inovação — comenta:

"A distância está morta. Somos todos vizinhos. Estamos em meio à mais profunda mudança desde o início da revolução industrial."

"Negócio é uma palavra mais diferente e mais abrangente que delegação de poderes."

"A qualidade por si só não é mais a vantagem que foi no passado (recente)."

"Somos todos ARDs. Ativos em Rápida Depreciação."

"Ou nos consideramos obsoletos, ou a concorrência o fará."

"As mulheres são mais espertas que os homens. As mulheres gerenciam melhor que os homens."

Referências bibliográficas

AMANA Key. Idéias Amana, apostila resumo do livro Megatrends

DAVIS, Stan. Visão 2000. Ed. Campus, 1993

DRUCKER, Peter. Desafios gerenciais para o século XXI. Ed. Pioneira, 1999

_____. O melhor de Peter Drucker – A Sociedade. Ed. Nobel, 2001

HANKS, Kurt. O navegador de mudanças. Ed. Qualitymark, 1998

HSM do Brasil, *Revista HSM*, 2002

NAISBITT, John. Megatrends 2000. Amana Key Editora, 1990

_____. Reinventar a empresa. Ed. Presença, Lisboa, 1987

PETERS, Tom. O círculo da inovação. Ed. Harbra Business, 1998

TOFFLER, Alvin. Powershift. As mudanças do poder. Ed. Record, 1990

_____. O choque do futuro. Ed. Artenova, 1972

Capítulo 6

▶O Triunfo do Indivíduo◀

> *"Em cada um de nós existe um rei.*
> *Procure-o e ele obedecerá."*
> Provérbio escandinavo

A segunda renascença

Neste século, a maioria das pessoas será auto-empregável, empreendedora, autônoma, reinventando-se.
Estará lutando pelo seu sonho!
Estará dando o melhor de si.
Estará reaprendendo, crescendo, mudando.

"Entrepreneurs" e "intrapreneurs"

Maestros sem batutas

Era da renascença. Estamos passando por uma das mais benéficas e desafiantes mudanças neste início de milênio: o poder do indivíduo dentro de uma economia global, massiva e gigantesca. Nunca as pessoas foram tão poderosas. Elas podem alavancar mais mudanças do que as próprias instituições. São pessoas que inspiram colegas, mudam, transformam, se recriam, correm riscos.

"Esta é a era do triunfo da responsabilidade individual sobre o anonimato do coletivo. (...) O individualismo atual não é contudo um sinônimo de egoísmo. É muito mais do que a necessidade de satisfazer os próprios desejos.
É o reconhecimento que somente o indivíduo na busca da satisfação de suas necessidades pessoais, de realização (nos negócios, arte, ciências), pode satisfazer as necessidades da comunidade.
(...) Num nível mais elevado, cada indivíduo faz parte de uma comunidade única: a humanidade."
Amana Key

Vários fatores contribuíram para essa busca do renascimento do indivíduo, como ser único na coletividade e pluralidade: a explosão do conhecimento, a velocidade da veiculação das informações, a tecnologia, a globalização, a política de privatização, descentralização do poder das instituições para as pessoas, a valorização do capital humano e, sobretudo, a aprendizagem constante. Entretanto, foram a explosão do conhecimento, a tecnologia da informação – essa aldeia global pensante – e os computadores pessoais que mais facilitaram a eclosão dessa nova tendência.

Enquanto no passado o poder era prerrogativa dos reis e governantes, neste milênio o indivíduo pode influenciar a sociedade através de informações e do poder do conhecimento. À medida que informação e conhecimento passam a ditar regras, os indivíduos se fortalecem. Visualizar o futuro em vez de lutar contra o passado é o novo atributo desses indivíduos. E conforme abdicam das referências de antigos paradigmas, projetam-se em direção à visão do que desejam construir.

"Entrepreneurs"

"A era do indivíduo é também a era do 'entrepreneur', a pessoa que tem visão das oportunidades de novos produtos e serviços, um fenômeno que está cada vez mais estendendo-se."
Amana Key

Pessoas mais autônomas, independentes, conscientes de seus próprios direitos e responsabilidades anseiam passar a ser donas dos seus próprios negócios. Ter o seu próprio negócio ainda é o sonho da maioria das pessoas, representando, hoje, a grande tendência do futuro. Na economia da informação, o recurso estratégico mudou: passou de capital para informação, criatividade, conhecimento, compartilhamento, relações.

Causas subjacentes:

- As organizações não oferecem mais a segurança nem as recompensas que ofereciam anteriormente. Se for para correr riscos, por que não arriscar mais na visão de um resultado melhor e mais gratificante?
- Facilidade de infra-estrutura: a própria casa, um computador, um telefone, um fax, uma mesa, uma BOA IDÉIA, já está pronto o negócio. Hoje, os escritórios virtuais oferecem uma boa oportunidade para quem deseja investir num negócio moderno;
- O desejo de empreender, criar, fazer, contribuir sem limites;
- Mercado mais diversificado e globalizado; consumidores mais atentos, novas demandas. Hoje, em um fundo de quintal pode-se atingir o mundo e exportar para qualquer lugar;
- A Internet e outros meios de informação estão sendo os maiores promotores dos pequenos negócios. Na Internet, todos são iguais na telinha. As grandes e pequenas empresas são homepages dinâmicas;
- Facilidades de obtenção de financiamento e consultoria.

Algumas características:

Antes de tudo, o desejo; depois, o planejamento. E aprender, aprender, aprender.

- Os empreendedores devem possuir visão e capacidade de agir para implementar a visão;
- Possuir as habilidades necessárias para o tipo de empreendimento que se vai lançar;
- Ter capacidade de orientação própria, ser o seu próprio líder, ser autodisciplinado;

- Ter crença em si mesmo e nas suas idéias e capacidade de auto-entusiasmar-se;
- Foco para a ação, capacidade de transformar o sonho em realidade, mesmo nas adversidades;
- Tolerância às incertezas do mundo em transformação, capacidade de assumir riscos e saber até aonde ir; flexibilidade para integrar-se às mudanças e controle para direcioná-las;
- Suportar os estresses e a alta pressão do trabalho;
- Auto-renovar-se a cada dia;
- Compartilhar, sinergizar;
- Ser feliz;
- E muito amor ao seu sonho.

Mas é o sonho, o desejo de independência, o desafio de lançar-se, vencer, poder, que caracterizam esse novo tipo de profissionais.

Alguns cuidados adicionais:

- Velocidade nas ações, em todas;
- É preciso pesquisar o mercado, sem perder muito tempo no diagnóstico. O mundo corre rápido e por vias diferentes;
- Entrar em ação; experimentar com o primeiro cliente;
- Fazer planejamento de curto e de médio prazo sem perder o foco no futuro;
- Trabalhar com talentos, parceiros ou não;
- Estar "antenado", o tempo todo, acompanhando as tendências;
- Nunca desistir. Tentar, tentar.

Coloque aqui outras que você considera importantes

"Intrapreneurs"

"Intrapreneurs" são pessoas com habilidades empreendedoras que em vez de deixar a empresa para montar o seu próprio negócio, implantam uma atividade dentro da organização.

"A relação dos intrapreneurs com a empresa é um acordo ganha-ganha.
A empresa conserva um colaborador talentoso e adquire um negócio novo e inovador: os colaboradores têm a satisfação de desenvolver sua idéia sem correr o risco de deixar a empresa e tentar estabelecer-se por conta própria."
Amana Key

O "intraprenership" é uma nova forma de abordagem na reinvenção das empresas para se adaptarem às novas necessidades dos indivíduos reinventores e incentivar seus talentos. É baseado na idéia de se usar os recursos já disponíveis na empresa: humanos, financeiros e físicos, visando criar novos negócios, auferindo novas receitas. Escolas para intrapreneurs existem na Suécia desde 1980. Objetivam ensinar potenciais intrapreneurs a transformarem idéias vagas em planos comerciais. As competências trabalhadas no curso são as mesmas requeridas para se tornar um entrepreneur:

"Permitindo que alguém com espírito empreendedor, intuitivo e criativo mantenha o controle e a responsabilidade sobre um empreendimento, a organização produz não só um colaborador mais satisfeito, como também melhores resultados finais."
Naisbitt

- Ter visão e capacidade de transformá-la em ação;
- Ser potencialmente um empreendedor;
- Ter uma boa idéia;
- Querer aprender;
- Assumir compromissos;
- Compartilhar;
- Ter bom relacionamento;
- Ter liderança;
- Sonhar;
- Ousar;
- Ser ético.

Reflita um pouco mais! Registre suas idéias.

Como você considera o emprego nestes tempos turbulentos?

Como as pessoas sobreviverão?

O que elas deverão fazer para continuar construindo o seu futuro?

O que você acha do termo empregabilidade?

E sobre empreendedorismo?

Como será o seu emprego do futuro?

Mas é no campo emocional que as mudanças deverão ser mais precisas.

- Desenvolver sua capacidade de auto-determinação;
- Explorar melhor sua área de influência – atuar nos problemas sobre seu controle direto e indireto e adaptar-se àqueles os quais não tem controle;
- Ter uma boa capacidade empática;
- Ser sinérgico;
- Ser um bom negociador no estilo ganha-ganha;
- Relacionar-se, relacionar-se, relacionar-se bem...
- Auto-atualizar-se a cada momento, aprender a aprender;
- Ter o desejo de vencer, melhorar a cada dia, sem ser o melhor nem o maior, mas o mais eficaz;
- Ser ético, ser humilde, feliz;
- Ser esperançoso, otimista, positivo;
- Ter sonhos, sonhar grande;
- Estar bem consigo mesmo e com a vida;
- Ser proativo.

Dos itens acima, realce os que você se considera mais hábil

Como melhorá-los mais ainda?

Auto-estima

A auto-estima é um fator muito importante para motivar o esforço no trabalho e estimular o sucesso. Significa ser consciente do seu próprio valor. Ser e agir de forma responsável em relação aos outros.

Ser diferente é ser igual

A ilusão dos contrastes

Você pode sentir-se grande entre os pequenos. Pode sentir-se pequeno entre os grandes. Devemos, embora diferentes, ser iguais. É uma questão de auto-estima. Veja a figura abaixo. As bolinhas centrais têm o mesmo tamanho. O que muda são as bolas periféricas. Como o nosso ambiente! Às vezes, nos percebemos assim, grandes ou pequenos.

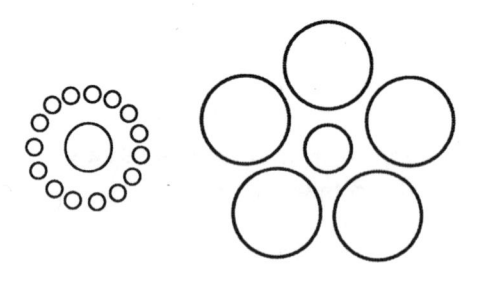

"As pessoas de maior certeza sobre seus sentimentos são melhores pilotos de suas vidas."
Goleman

- Os talentos só brilham quando têm competência emocional.
- A competência emocional tem tanta importância na vida como a competência acadêmica ou intelectual.
- Os sentimentos e emoções ocupam um lugar de destaque na vida.
- Pode-se ser inteligente, preparado, ter um alto QI sem ser competente emocionalmente.
- Pode-se ser inteligente, sem ser produtivo.

Hipótese de Gaia
Sinfonia nº 5

O físico Fritjof Capra diz: "A partir do ponto de vista sistêmico, as soluções viáveis são as soluções sustentáveis". Isso caracteriza um desafio para cada um de nós: criar comunidades sustentáveis onde se possa realizar sonhos e satisfazer necessidades sem toldar as gerações futuras. Aprendermos a praticar a ecologia zelando pelo planeta azul – o nosso lar – "*oikos*".

Não obstante o vasto e disponível conhecimento que a humanidade vem compartilhando neste século, ainda nos falta agregar à nossa consciência a necessidade de uma profunda mudança de valores e paradigmas. Falta-nos abdicar da visão antropocêntrica – homem como o ser mais importante na hierarquia do planeta. E incorporar uma concepção holística da natureza, onde seres humanos, minerais e vegetais sejam vistos como um todo – uma teia de vida. "Na natureza não há 'acima' ou 'abaixo' e não há hierarquias. Somente redes aninhadas dentro de outras redes", enfatiza Capra. Cientistas, ecologistas e filósofos vêm expressando novas necessidades de mudanças do homem para embarcar nesta viagem tripulada na busca da harmonia do planeta. "O cuidado", diz Arne Naess, "flui naturalmente se o EU é ampliado e aprofundado de modo que a proteção da natureza livre seja sentida e concebida como proteção a nós mesmos". Joanna Macy fala sobre o "reverdecimento do Eu", e Warwick Fox cunha o termo "ecologia transpessoal". Roszak fala sobre a "ecopsicologia". Todos expressam a necessidade de conexão profunda do homem com a natureza.

E nós, o que fazemos e propomos para o futuro do planeta azul? Como poderemos nos engajar neste esforço ecológico? A **hipótese de "Gaia"**, sem dúvida, nos adverte para a necessidade de mudanças de valores sobre a terra viva. Como sabemos, esta hipótese afirma "que a superfície da terra, que sempre temos considerado o meio ambiente da vida, é na verdade *parte* da vida. A manta de ar – a troposfera – deveria ser considerado um sistema circulatório, produzido e sustentado pela vida.... A vida efetivamente fabrica, modela e muda o meio ambiente ao qual se adapta....Há interações cíclicas constantes", Lynn Margulis. Isso porque existe um estreito entrosamento entre as partes vivas do planeta – plantas, minerais, microorganismos e animais e suas partes não vivas – oceanos, rochas, estratosfera.

Mas não resta dúvida: como seres humanos racionais, precisamos fazer a nossa parte. Para começar, façamos primeiro a ecologia de nós mesmos, reverdecendo o nosso EU. *"Tudo o que acontece com a terra, acontece com os filhos e filhas da terra. O homem não tece a teia da vida; ele é apenas um fio. Tudo que faz à teia, ele faz a si mesmo."*

Ted Perry.

Cuidar do ser
Sinfonia nº 6

"O homem é o ser que cuida do ser", disse Heidegger. Parece que a expressão do filósofo está perdendo o seu significado. O ser que deveria cuidar do ser preocupa-se mais com o cuidar do ter, premido pela competitividade, em que ter é o valor exterior que consolida o passaporte para o sucesso. O ser, como instância interior, atrofia-se pela falta de uso, pelo sombreamento projetado pelo ter. O homem esquece que o ter sem o ser perece. Bloqueia o fazer e o viver.

Não resta dúvida que ser e ter sempre acompanharam o homem no seu processo de tornar-se pessoa. A própria natureza impulsiona-o para as necessidades fisiológicas e de segurança: alimento, abrigo, defesa, sexo; como os animais – valores do ter. Depois é que vêm os aspectos que dão ao homem o caráter do humano: sociabilidade, transcendência, auto-realização, criação – valores do ser. Numa sociedade capitalista, consumista, ele pende e prende-se para o que lhe é mais cobrado. Aprender a ter, parecer ser.

Drucker fala do valor do conhecimento nesta era da aprendizagem contínua: conhecer para ser, conhecer para ter, conhecer para fazer, como instâncias inter-relacionadas que produzem resultados sociais. Talvez o homem devesse evocar os antigos paradigmas da velha Grécia, quando Sócrates apregoava o conhecimento como autoconhecimento – crescimento moral, intelectual e espiritual – com resultados aplicados ao ser. Nesta era de competitividade, melhor seria dizer: aplicado ao saber viver e conviver. Cuidar do ser significa também cuidar do outro ser humano. Ser ecológico. Zelar pela terra mãe.

Autoconscientes que somos, sabemos que o homem é feito do ser e do ter, pois ambos necessitam um do outro para ser, fazer e ter mais. Quando integrados, interconectados, fazem o homem projetar mais luzes do que sombras nas suas realizações exteriores e interiores. Só assim, o prazer de ser, neste mundo globalizado, mas carente de inter-relações, será igual ao prazer do ter e do fazer. Assumir esses valores é mudar a maneira de ser inteligente. Sem o medo de ser. Sem a volúpia do ter.

No íntimo, o homem é o ser que cuida do ser para ter. Neste processo, inclui-se o viver uma vida plena, dando mais atenção à vida interior, para que o ato de viver gere mais bem do que mal. O fazer com excelência é conseqüência dessa integração. Seu maior legado. Ser e Ter, eis a questão!

"Agir, viver, conservar o ser, essas três palavras significam a mesma coisa."

Espinoza

PARA IR MAIS LONGE

"Algumas vezes, para aprender,
você tem de saber
o quanto não sabe."
Peter Senge

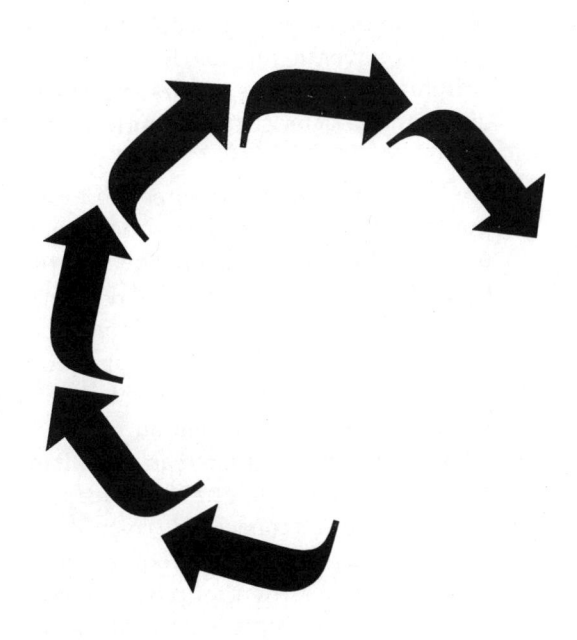

DESAFIOS DA MAESTRIA
Partitura XII

Ser vencedor

Capacidade de tocar corações

Buscar idéias novas, experimentar

Tolerância à ambigüidade

Usar a criatividade e o pioneirismo para alavancar mudanças

Você e os campeões
Desbravando fronteiras

"Os campeões encontram-se em um estado perpétuo de sábia insatisfação (...) Em geral, possuem uma longa história de buscar idéias inovadoras e experimentá-las, bem como de desafiar os padrões aceitos." Robert Lynch, no ensaio publicado em Liderança para o Século XXI, da Peter F. Drucker Foundation, enfatiza ainda que os campeões, como os líderes, possuem características comuns de vencedores. "Os campeões não podem comandar porque sua autoridade não é posicional. Ela provém de sua visão, de sua energia e de sua capacidade de tocar os corações daqueles que acreditam que a visão deles é a realidade que a organização precisa atingir para mais que sobreviver no futuro." É ela que os impulsiona para enfrentar os fracassos como experiência de aprendizagem, uma característica que norteia e controla seu idealismo.

Os campeões são empreendedores; não têm a responsabilidade de conduzir equipes nem o suporte de uma estrutura organizacional que os apóie. Usam a criatividade e pioneirismo para alavancar mudanças. São descobridores apaixonados, inimigos da mediocridade, verdadeiros aprendizes. Como inovadores do inusitado, transgridem normas. Seu lema é "melhor pedir perdão depois do que permissão antes". Apesar de não terem seguidores formais, são trabalhadores e construtores de equipes, nas quais encontram fértil ambiente para explorar sua capacidade co-criativa, liderar através das incertezas e riscos. É nas equipes que empregam sua tenacidade e persistência, porque sabem que as idéias em si – isoladas – representam apenas 10% da sua força construtiva.

A tolerância à ambigüidade e à incerteza juntas, ao seu alto grau de comprometimento, mantém os campeões na liderança das mudanças rumo aos seus propósitos. "A excelência nunca nasce de um coração descomprometido", afirma Lynch, acrescentando que o zelo

Compromisso forte com um bem comum

Ser parceiro em tempo de adversidade

Marcha ao som de uma batida diferente

Liderança transformacional

Crença e visão

missionário de um campeão nasce do compromisso forte com um bem comum. O autor enumera alguns fatores que os tornam excelentes: 1. Constroem grandes equipes sinérgicas; 2. Articulam uma visão poderosa que seja adotada por todos; 3. Mantém a própria integridade e autodisciplina; 4. Relacionam-se e comunicam-se bem com as pessoas; 5. Desenvolvem a confiança, cumprem compromissos; 6. Crêem firmemente em suas convicções; 7. Estão sempre em ação; 8. São parceiros em tempos de adversidades; 9. Têm amor e compaixão; 10. Enfrentam a realidade e depois a mudam. Eles são bons ainda em construir confiança, manter a resiliência, trabalhar pela mudança co-criativa, formar equipes de alianças, resolver e negociar problemas, praticar a liderança transformacional, conseguir apoio dos altos escalões.

Campeões não são heróis. "Eles amargam as dores da derrota e passam pelos apuros da liderança." São otimistas e comprometidos demais, por isso parecem-se rígidos e egocêntricos. "Marcham ao som de uma batida diferente – mais firme, mais futurista. Um verdadeiro campeão sem uma causa é energia perdida. Uma grande causa sem um campeão não passa de uma ilusão. Mas uma grande causa com um verdadeiro campeão é a concretização de uma visão", enfatiza Lynch.

Os campeões são como você: talvez se diferenciem por começarem primeiro ou fazer mais. Campeões têm, tiveram e sempre terão um grande sonho.

"Seja tudo o que você pode ser.
Seja mais do que você poderia ser."
Tom Peters

Campeões são atraídos pelo "topo". Chegar ao topo é a sua profecia. O que leva um ser humano ao topo?

Desempenho, eficácia, competência, determinação, decisão, visão, assumir riscos, aprendizagem, empreendibilidade, imaginação, criatividade, autoliderança, valores, princípios, sonhos, desejos.

> "Quando tomamos a direção de nossos sonhos,
> encontramos o sucesso nos momentos
> mais inesperados."
> Henry David Thoreau

Cabe a você desenvolver a capacidade criativa de fluir e construir, com determinação, o cultivo da leveza da alma, do sorriso franco, da postura vencedora de quem sabe o que quer, por que quer e aonde quer chegar, para atingir seu sonho.

Vença no mundo, vencendo primeiro a você mesmo. Vença suas limitações. Deixe fluir seu potencial criador. Dê condições de aflorarem suas melhores idéias. Mas não vença suas ilusões, esperanças, expectativas. Apenas siga-as, acompanhe o seu chamado.

Esteja sempre a seu favor.

> "Se eu não estiver a meu favor, quem estará? Se eu não estiver
> a favor dos outros, que sou eu?
> E se eu não estou agora, quando estarei?"
> Rabi Hillel, século XII

No topo, há luzes e escuridão

"As pessoas criativas aceitam o risco", afirma Benny Golson, músico e compositor de jazz. *"O homem criativo sempre dá dois passos na escuridão. Todos podem ver o que está na luz: podem imitá-lo, realçá-lo, modificá-lo, reformá-lo. Os verdadeiros heróis, porém, mergulham na escuridão do desconhecido. É então que descobrimos 'outras coisas'. E digo outras coisas porque quando coisas novas são descobertas, ainda não têm nome e, freqüentemente, desafiam as descrições. (...) Muitas vezes nossas idéias são assim, criadas a partir da escuridão. A escuridão é importante – como é importante o risco que a acompanha."*

"Suba alto. Suba longe
Seu objetivo é o céu
Seu alvo, as estrelas."

Lembre-se:

"O que funcionava no passado não funciona mais.

Os recursos naturais no passado definiam o poder. Hoje, conhecimento é poder.

No passado, o modelo era a hierarquia. Atualmente, sinergia é a palavra de ordem.

Os líderes de ontem comandavam e controlavam. Hoje, os líderes investem de empowerment e treinam seus funcionários.

Ontem os líderes exigiam respeito. Hoje, eles incentivam o respeito por si próprios.

Os gerentes de ontem comandavam. Os de hoje delegam.

Os empregados no passado aceitavam ordens. Atualmente, eles tomam decisões.

No passado, valor era uma vantagem a mais Atualmente, valor é tudo.

No passado, os líderes eram guerreiros. No presente, eles são facilitadores.

Os erros não são o tempero da vida. Eles são a vida. Os erros não devem ser tolerados. Devem ser encorajados.

O fracasso é o precursor do sucesso. Um grande fracasso é o precursor de um grande sucesso."

"5% de tecnologia,
95% de atitude."

DESAFIOS DA MAESTRIA
Partitura XIII

Ser feliz

Ser feliz ou mais feliz, eis a questão!

Onde está o pássaro azul? Sua felicidade!

Qual o seu ponto X de felicidade?

Bem-estar subjetivo

Ser feliz ou mais feliz?

Buscar a felicidade
Despertando a fada madrinha

Ser feliz ou ser mais feliz, eis a questão! Mas o que é ser feliz? Como mensurar o grau de felicidade das pessoas? Felicidade é um dom ou é um estado de espírito, um estar satisfeito com a vida? Não obstante a subjetividade do tema, especialistas em genética, biólogos, fisiologistas e cientistas políticos estão envolvendo-se com o assunto, talvez o mais novo achado deste século. A felicidade, ou como preferem os pesquisadores – bem-estar subjetivo –, é hoje estudada cientificamente.

Diferentemente dos médicos e psiquiatras, os cientistas da felicidade não focalizam apenas a depressão ou o lado sombrio da vida mental. Nas palavras de Alun Anderson, "analisam o expectro completo dos estados mentais, desde a felicidade moderada até a alegria desbravada". Aliás, esses mesmos cientistas nos trazem boas notícias: profetizam que o mundo está se tornando mais feliz, devendo manter-se esta tendência, apesar do baixo astral dominante.

Onde está o "Pássaro Azul" de Maurice Maertenlinck, que voa de galho em galho sem nos deixar alcançá-lo? A felicidade é parte dos nossos valores materiais? Os estudiosos descartam esta alternativa. Noventa e dois por cento da população da Islândia, Holanda e Dinamarca, se dizem felizes, embora seja menos rica que os Estados Unidos, Alemanha, Japão. Talvez a chave não esteja na renda per capita, no casamento, em ganhar na loteria, ter filhos!

Ronald Inglehart, da Universidade de Michigan, coordenou o maior estudo sobre a felicidade, através de amostras aleatórias de tipos de crenças e níveis de felicidade de indivíduos de mais de sessenta sociedades, representando 65% da população mundial. Comprovou que um aumento na renda per capita exerce grande efeito no nível de felicidade dos países mais pobres, porém pouco sobre os países ricos. Uma lição: mais riqueza não traz felicidade, mas influi à medida que os países pobres vão enriquecendo.

Segundo Anderson, os estudos sobre a felicidade sugerem que a maioria das pessoas oscila em torno de um ponto "x" de felicidade. Será tudo uma questão de temperamento? Estudos genéticos indicam um forte grau de correlação entre o nível de felicidade. David Lykkey, da Universidade de Minnesota, pesquisou o nível de felicidade de centenas de pares de gêmeos de meia-idade, demostrando que gêmeos idênticos apresentam níveis semelhantes de felicidade, mesmo educados separadamente e com experiências de vida diferentes. Uma das conclusões é que a composição genética é fator importante, embora não explique o essencial.

A felicidade é como o "Pássaro Azul", de Maenterlinck, voando de galho em galho. Caberá a nós nos reeducarmos para alcançá-la. Talvez ela esteja imbuída nas coisas simples da vida, como no amar, no construir, doar, compartilhar, sorrir. Pertinho da esperança, do sonho, da solidariedade! Talvez, aprendendo a buscar o significado de nossas vidas, possamos conquistar a felicidade. Ela está em toda a parte, sempre a nossa frente e dentro de nós, no nosso self. O grande diferencial está no enxergá-la com olhos de sábio e coração de seres humanos.

"*A verdadeira felicidade é um verbo. É o desempenho contínuo, dinâmico e permanente de atos de valor. A vida em expansão, cuja base é a intenção de buscar a virtude, é algo que improvisamos continuamente, que construímos a cada momento. Ao fazê-lo, nossa alma amadurece. Nossa vida tem utilidade para nós mesmos e para as pessoas que tocamos.*"

Epicteto

Referências bibliográficas

AMANA Key. Idéias Amana, apostila resumo do livro Megatrends
CAPRA, Fritjof. A teia da vida. Ed. Cultrix-Amana Key, 1996
DRUCKER, Peter. O melhor de Peter Drucker – O Homem. Ed. Nobel, 2001
EPICTETO. A arte de viver. Ed. Sextante, 2000
FRANCES, Hesselbein et al. Liderança para o século XXI. Ed. Futura, 2001
GOLEMAN, et al. Espírito criativo. Ed. Cultrix – Amana Key
HSM do Brasil. *Revista HSM Management*, 2002
NAISBITT, John. Reinventando a empresa. Ed. Presença, 1987
_____. Megratrends 2000. Ed. Avon Books, 1990
_____. Paradoxo global. Ed. Campus, 1994
PETER, Tom. O círculo da inovação. Ed. Harbra, 1996
RAMACHANDRAN, V. S. Fantasmas no cérebro. Ed. Record, 2002
TOFFLER, Alvin. Aprendendo para o futuro. Ed. Artenova, 1997
WAITLEY, Denis. Império da mente. Ed. Campos, 1996

Capítulo 7

▶Você "Incorporation"◀

> *"É preciso fazer alguma coisa, livrá-lo dessa sedução voraz da engrenagem organizada e fria que nos devora a todos a ternura, a alegria de dar e receber, o gosto de ser gente e de viver."*
> Thiago de Melo

O seu gerenciador de mudanças

Não importa o Big-Bang, a vida na terra, a humanidade, sem você. Você é o valor superior que está sobre todas as coisas e para todas as coisas. Você é a personalização deste presente vivo e dinâmico. Você faz a diferença. Você faz parte deste *"BIG-BANG"* – a HUMANIDADE!

Você é a vida. Você vive a vida. Você curte a vida, muda a vida, recria a vida.

Você já parou um pouquinho para pensar sobre você, refletir, concluir que é único entre os seis bilhões de pessoas neste mundo?

O universo, a terra, as organizações, o trabalho foram feitos para você. Você faz parte desta organização, e, a partir do momento que competiu com bilhões de espermatozóides para se completar no óvulo materno, iniciou sua construção, a realização maior: sua vida.

> Diz-se *"que os homens não podem ser sonhos de deuses, mas sim que os deuses são sonhos dos homens"*.

A começar daí, você partiu para a segunda realização: nascer. Nasceu numa explosão de vontade, amor e energia.

Você pode ser sonhos dos deuses ou ter deuses nos seus sonhos, quando cria, realiza, compartilha.

Pode sonhar alto, sonhar grande, fazer a diferença na sua vida! Como os deuses.

Mas como você sonha? Como está sua esperança? O ingrediente básico da sua motivação está na esperança!

Você é a realidade dos seus sonhos. E sonhos são profecias! Lembra-se?

Eles concretizam o impossível.

E buscar o impossível é a característica mais nobre das pessoas criativas, que se diferenciam.

Você é autônomo, livre, independente e interdependente, empreendedor. Pode ser empregado, profissional liberal, empresário, pai, esposo, filho, amante. Não importa! Se for competente, será a pessoa capaz de realizar todos os seus sonhos. Não importa sua posição.

Você só terá de ser feliz!

Este espaço, a chegada ao topo, será construído por você. Acrescente outras habilidades necessárias.

"As pessoas não resistem a mudanças, elas resistem a serem mudadas."

Peter Senge

Preparando-se para a sua reinvenção

Antes de tudo, reveja como está o seu desejo e entusiasmo! São eles que atraem o sucesso e a determinação para vencer. Reveja suas crenças, seu querer, seu agir, sua capacidade de aprender.

> *"Se você tem um porquê bastante grande, sempre poderá resolver o como."*
> Anthony Robbins

Como você vem se preparando nesta trajetória para a descoberta, para exploração dos deuses dentro de si?

Que crenças, habilidades, experiências você acumulou neste caminho para tentar alcançar os deuses, criando-se, recriando-se, a cada momento?

Qual é sua crença sobre você mesmo? Eu me vejo...

Qual é sua profecia sobre você mesmo?

Lembre-se: uma profecia pode ser realizada!

Que áreas ou aspectos você mais se preocupa em desenvolver na sua vida?

Que novas áreas você necessita, hoje, acrescentar para ser mais competitivo?

Áreas de desenvolvimento

Que outras áreas você gostaria de desenvolver agora?
A vida é 10% do que lhe acontece e 90% do como você reage.
Essas áreas desenvolvidas têm muito a ver com sua profissão?
Estão sendo úteis para você?

Sim? Não? Por quê?

Reveja o seu Círculo de Influência.

Defina, agora, o quer você quer. Teça a sua própria profecia. Uma profecia digna de você, maior que você, mais sábia que você. E humana, ecológica! Não se preocupe com restrições, dificuldades, meios. Você será capaz de solucioná-los.

> "A coragem é a melhor qualidade humana, pois garante todas as outras."
> **Aristóteles**

O que você quer fazer para o resto da sua vida?

Reveja o quadro que elaborou.

Minha nova profecia.

Focalize para onde você quer ir, não o que teme!

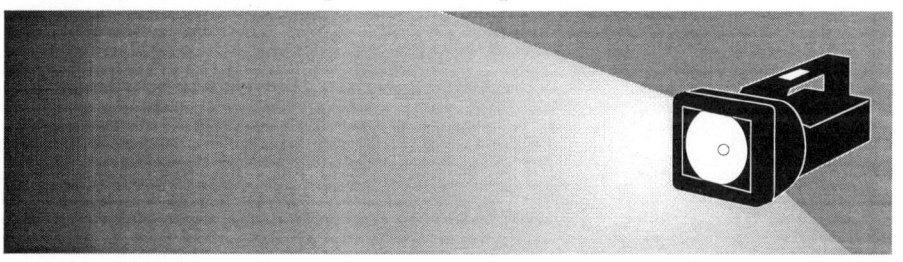

Metas são como ímãs, atraem as ações que as tornarão realidade.

Descreva, agora, o como você irá viabilizar a nova profecia. Descreva metas, recursos. Tudo o que achar importante para atingir suas metas. Eleve o desejo, vença os receios!

Metas	Recursos	Prazos

Faça uma análise de viabilidade e robustez do seu plano, com as seguintes perguntas:

É isto mesmo que eu quero? Sim, não?

É viável?

Mercado?

Prazos?

É operacionalizável?

É ético e ecológico?

Está coerente com o que você deseja, com o seu significado de vida?

*"Poder é a habilidade para dirigir seu próprio reino pessoal,
seu processo de pensar, seu comportamento."*
Anthony Robbins

Elabore, agora, o seu plano de maestria

É bom refletir sobre o que diz o cientista V. S. Ramachandran:

"Um pedaço do seu cérebro do tamanho de um grão de areia deve conter 100 mil neurônios, dois milhões de axônios e um bilhão de sinapses, todas falando com as outras. Dadas estas cifras calcula-se que o número de possíveis estados cerebrais (...) ultrapassa o de partículas elementares existentes no universo." Precisamos, sim, conversar mais com o nosso universo interior. Explorar mais essa fantástica dádiva disponível a um simples comando da nossa maestria.

Áreas de Desenvolvimento

CAMPO PESSOAL	CAMPO PROFISSIONAL

Hoje, com o conceito da Inteligência Emocional, viver inclui uma nova proposta: a de sermos globais; de vivermos nossas emoções e razões, sentimentos e racionalidades. Tornando-nos empreendedores, nos preparamos para construir a odisséia – a mais bela da nossa permanência de 3,5 milhões nessa aldeia global – viver com significado: um significado de uma realização coletiva para um futuro melhor.

> Poderemos dizer "que os deuses são sonhos dos homens" e poderemos tê-los nos nossos sonhos, se buscarmos nosso significado.

Algumas recomendações, segundo Naisbitt – ditas há muito tempo.

- Estude o seu mercado, mas não leve muito tempo para agir;
- Comece seu negócio quando tiver um cliente;
- Tente o seu novo negócio como sendo no início um complemento do que já faz;
- Estabeleça os seus objetivos com horizontes temporais bem definidos;
- Rodeie-se de pessoas mais espertas que você próprio;
- Não tenha medo de fracassar;
- Contrate um bom contador.

E, antes de tudo, tenha uma visão poderosa de onde quer chegar.

Habitualmente, a fonte dessa visão
é um líder,
alguém que possui uma combinação rara de características:
poder mental de criar uma visão
e capacidade prática de a transformar numa realidade.

Ser diferente, segundo Denis Waitley implica:

"Adotar padrões mais altos de comportamento pessoal e profissional

Dedicar mais tempo e esforço a tudo que fizer

Assumir riscos que nos tornem independentes."

Mas, se isso não contribuir para o aumento da felicidade e construção de um mundo melhor, é pleno egoísmo.

CHEGANDO AO TOPO

*"O fim de toda a nossa exploração
será chegar onde
começamos a conhecer
o lugar pela primeira vez."*
T. S. Eliot

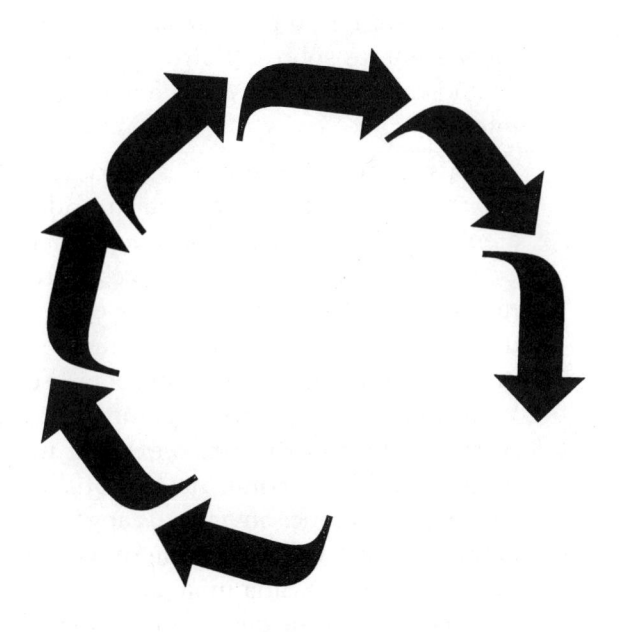

DESAFIOS DA MAESTRIA
Partitura XIV

Auto-liderança

Reger a filarmônica do seu interior

Dar atenção à vida

Projetar mais luzes do que sombras

Ampliar a compreensão de si mesmo

Liderança interior
O poder invisível é mais forte

Reger a filarmônica do nosso interior, voltarmo-nos para dentro de nós mesmos, é o caminho para a descoberta de potencialidades adormecidas. A habilidade recai na análise de nossos valores e princípios; prática que os líderes de hoje estão substituindo pela liderança por resultado, por competência. Mas como ser competentes se não desenvolvermos as nossas potencialidades que fazem acender nossa luz interior? Palmer Parker, no ensaio "Liderança de dentro", enfatiza que nós somos responsáveis "para criar o mundo exterior ao projetarmos uma imagem de luz ou de sombras sobre o 'outro' diferente de nós". Projetamos mais sombras do que luzes, sem esta visão interior.

Os líderes de hoje, que estão focados em resultados numéricos e embasados na autoridade, precisam atentar que diante da posição que ocupam possuem o poder de projetar sombras ou luzes sobre os seus liderados. Assim, todos os líderes têm o dever especial de dar atenção a sua vida interior para que o ato de liderança não gere mais mal do que bem, escreveu Diana Walsh. Liderar de dentro significa, antes de tudo, a certeza do encontro entre o exterior iluminado e o interior sombrio, como na filosofia oriental; Yin, sombrio – liderança invisível; Yang – ensolarado, liderança visível. O Yin e o Yang simbolizam a idéia de que toda vez que cada uma das formas atinge o seu extremo, manifesta dentro de si a semente do seu oposto.

Na visão de Koestenbaum, autor de "Liderança: o lado interior da grandeza", competência, como ferramenta fundamental, não é um hábito eficaz. Para que o líder tenha sucesso, precisa pôr em prática dois valores: ampliar a compreensão de si mesmo como

VOCÊ "INCORPORATION"

Pensar grande Fazer acontecer

Nada se conquista sem a conquista nos mesmos

Dar mais importância ao conteúdo do que à forma

Acender a luz interior

Pensar grande

ser humano no mundo e mudar seus hábitos mentais – "como pensar, o que valorizar, o que espera da vida, como lidar com frustrações". Assumir esses valores é mudar a maneira de ser inteligente.

Os grandes líderes, diz Koestenbaum, atuam em quatro dimensões: visão, realidade, ética, coragem. A ética diz respeito aos valores humanos – integração, amor, significado. A coragem "é o reino da vontade: envolver a capacidade de fazer acontecer". Enfatiza, ainda: "O líder visionário pensa grande, pensa novo e pensa para a frente, e, mais importante de tudo, está em contato com a estrutura profunda da consciência e do potencial criativo humano". O líder realista enfrenta a realidade como ela é e não como gostaria que fosse. Tem consciência dos seus limites e não nutre ilusões.

Nós, aprendizes de maestria, precisamos enxergar e interpretar os nossos valores, olhando para dentro; acendendo a luz interior que realça comportamentos e resultados. Na prática, sabemos, quem veste a camisa de líder atual no mundo exterior e esquece a liderança interior, a força invisível. Aprendendo a reger a filarmônica do nosso Eu, estaremos dando maior destaque à partitura – quase esquecida – da ética, dos princípios, compartilhamento, sinergia, amizade. Nada se conquista sem a conquista de nós mesmos. Nada será tão eficaz como a busca da nossa maestria pessoal: reger nossas almas, ouvir nosso interior e também as almas dos outros.

Contudo, como expressa Covey, "tocar a alma do outro ser humano é pisar em solo sagrado". Pelo menos, caminhemos juntos, com mentes e corações abertos. Aprendendo a aprender, para ensinar a ensinar, poderemos dar mais importância ao conteúdo do que à forma, à substância do que ao estilo, à liderança por princípios do que por resultados. É preciso que finalizemos essa nossa sinfonia interior.

Um novo ideal

O empreendedorismo

Intrepreneur – a autodireção

Ser dono do seu próprio negócio

A autodireção pressupõe interdependência, capacitação, aprendizagem contínua, autoconfiança, valores e princípios adequados à ética da cidadania empresarial. Flexibilidade e controle, liderança, visão, iniciativa, proatividade, entre outras centenas de variáveis, para tornar uma pessoa bem-sucedida como autogestor.

Entretanto, é necessário, antes de tudo, que o candidato a empreendedor se faça as seguintes perguntas:

O que desejo fazer de minha vida? O que espero da minha vida pessoal e profissional? A isto chama-se, hoje, projeto de vida. Um projeto de vida bem estruturado funciona para eliminar as dificuldades que as pessoas irão enfrentar como empreendedoras. Quais são minhas aptidões, meus desejos, competências, sonhos, medos, capacidade de correr riscos? Um projeto de vida deve explorar algumas grandes questões como: quem sou eu? Quais são as minhas prioridades? Quais são os meus valores e meus pontos fortes? O que ainda me falta para formar minha competência como empreendedor?

Um projeto de vida significa a descrição planejada e organizada da sua visão, munida das ferramentas e instrumentos necessários para alcançá-la de uma maneira definida. O mundo abre alas para aqueles que sabem para onde ir.

Um valor importante é viver a sua própria vida e oferecer ao mesmo tempo uma contribuição à sociedade. Integração da vida pessoal e vida profissional, o passo mais importante.

DESAFIOS DA MAESTRIA
Partitura XV

Ser empreendedor

Tornar-se empreendedor
Despertar potencialidades

"Pessoas
com alto
nível
de
domínio
pessoal
[maestria]
possuem
várias
características
em comum:
elas
têm um
sentido
especial
de
vida."
Peter Senge

Enfrentar
riscos
Abraçar
oportunidades

Somente os empreendedores são capazes de fazer a sua reinvenção pessoal e profissional. No despontar do novo milênio, a força de trabalho estará nos empreendedores; indivíduos autônomos, autodeterminados, compartilhadores. A era do triunfo do indivíduo está evoluindo para a era da recriação profissional: habilidade poderosa que não se encontra nas universidades, escolas, mas no sonho de ser grande e fazer a diferença.

Empreendedores são pessoas talentosas, visionárias que singram novas trilhas na busca de seus ideais. Estão aprendendo a lição da convivência: ser competente sem ser arrogante; ser talentoso sem ser gênio; liderar compartilhando, construindo pontes para o futuro, para o livre trânsito da aprendizagem, criatividade, ética.

Nas organizações, são empreendedores internos (intrapreneurs) os que fluem livremente no desempenho de suas tarefas. Destacam-se pelo talento, competência, eficácia. Usam seu poder para liderar e ser liderado, na confluência de metas e negócios. São profissionais que dão sem cobrar, possuem mentalidade da abundância e recebem porque doam; produtivos porque sabem o que querem e o que deseja o cliente. São competentes em revolução profissional, empregáveis em qualquer parte do mundo, coração das organizações.

Na sociedade – como empreendedores externos (entrepreneurs) — buscam o sonho dos independentes, visualizam, traçam metas, aprendem, lançam-se no seu negócio. São líderes sem fronteiras, profissionais do mundo. Correm risco sem medo do insucesso; enfrentam riscos abraçando oportunidades. Como o raio laser, são concentrados e de longo alcance; como o sonho, grandes e poderosos.

Dar mais importância ao conteúdo do que à forma

São criativos, competidores do ganha-ganha, mestre nas relações, formados em gente. São sinérgicos nos resultados, na qualidade, flexíveis e estáveis. Cedem e são firmes quando necessário: lutam incansavelmente. Relaxam no triunfo do dever cumprido: a construção do seu futuro numa sociedade mais justa. São sonhos das organizações, mas só o mundo os tem.

Não são diferentes. São como você. Acreditaram e aprenderam a lição. Eles estão nos escritórios, nas praias, nos bares, na luta por um lugar no topo. E no topo sempre há lugar para todos os aprendizes da vida.

Humor, liderança e maestria

Velhos parceiros!

"De todos os sinais emocionais, os sorrisos são os mais contagiantes; detêm um poder quase irresistível de fazer os demais sorrirem em resposta", enfatiza Goleman em "O poder da inteligência emocional". "Os cientistas especulam que os sorrisos e o riso tornaram-se uma maneira não-verbal de consolidar alianças, indicando que o indivíduo está relaxado e receptivo, não na defensiva ou hostil. Em termos neurológicos, o riso representa a distância mais curta entre duas pessoas porque faz a interconexão imediata entre sistemas límbicos. Essa reação involuntária automática implica, segundo o pesquisador, 'a forma mais direta possível de comunicação entre pessoas: cérebro a cérebro'. Uma boa risada transmite uma mensagem reconfortante: estamos na mesma sintonia, nós nos damos bem. Denota confiança, conforto e uma percepção compartilhada do mundo; como o ritmo em uma conversa, o riso indica que, por enquanto, está tudo bem. Os líderes e os maestros dotados desse tipo de talento constituem ímãs emocionais, que atraem naturalmente as pessoas para a sua órbita." Goleman, continua: "Quando as pessoas sentem-se bem, dão o máximo de si. As sensações positivas estimulam a eficiência mental, melhorando a capacidade das pessoas de compreender informações".

Dos humores, o sorriso e o riso são os mais contagiantes. Nas palavras de J. Tomé de Souza, "vale a pela sorrir. Até por medida de economia energética, o sorriso é melhor. Gasta-se mais energia para fazer uma carranca do que para expressar um sorriso". Elzi Nascimento acrescenta: "Uma simples gargalhada interfere, de forma direta, na vasodilatação, na eliminação das couraças que provocam verdadeira blindagem do caráter. Apenas uma simples gargalhada elimina a tensão que debilita o sistema imunológico. Uma só gargalhada ativa o hipotálamo que governa a reação o corpo ao estresse".

No seu livro "Terapia do Riso", a autora registra: "A idéia do riso como terapia não é nova. No século IV a.C., o médico Hipócrates já sugeria a seus colegas a utilização de brincadeiras no tratamento dos pacientes. Humor, em grego, significa fluido. As pessoas bem-humoradas eram consideradas de bons fluidos, e portanto saudáveis. (...) Para a Psicanálise, o riso é o resultado do humor. O humor integra os opostos, rompe casamatas hierárquicas, facilitando a inter e a intracomunicação. O riso extravasa a energia positiva. A troca desta energia entre as pessoas harmoniza o ambiente, combate a poluição mental e espiritual. O riso como expressão de um sentimento bom é um agente terapêutico. Rir é fundamental para a ecologia psíquica, para a saúde mental. Rir é muito mais do que movimentar cerca de quarenta músculos da cabeça e do pescoço. Rir é dar sinal de vida. Sorria, ame, não reclame!"

"O hábito de sorrir é antidepressivo, anti-oxidante, extremamente relaxante, ajuda a contornar problemas e situações difíceis. Desanuvia a mente abrindo a capacidade de autopercepção. Traz contetamento de viver e nada custa."

*"Deus é um comediante que atua diante de uma
platéia que tem medo de rir."*
Friedrich Nietzsche

DESAFIOS DA MAESTRIA
Partitura XVI

Sorrir

Terapia do riso
Sorrir faz bem

Rir é o melhor remédio, diz o ditado. Sorrir é o mais eficaz passaporte para as relações. Este potente diferenciador dos seres humanos parece que está morrendo, substituído pelo sorriso amarelo da TV. Ou pela sizudez estampada nas faces de pessoas que esqueceram de ser "seres humanos" completos, que riem.

"Nosso cérebro contém um circuito especializado em sorriso."

Aprendemos a sorrir tão cedo! E cedo colocamos nossas máscaras do homem que não ri, valorizando mais o paradigma do sério, talvez para oferecer maior credibilidade. Esquecemos que sorrir é o melhor remédio para nossas ações e relações. Pelo menos, sorrir um pouco, porque o riso e o sorriso estão "curando, alegrando, diferenciando: um atributo generoso e misterioso do ser humano", diz a ciência. Durante o riso, todas as glândulas se excitam, segregam humores e líquidos em quantidade maior que as de costume. Circulando pelo corpo, essas substâncias nos dão uma sensação de bem-estar, excitando e relaxando a maior parte dos músculos, incluindo o coração, pulmões, artérias. Em dose suficiente, o riso faz baixar a hipertensão, facilita a digestão e melhora o sono.

"Um sorriso espontâneo, produzido pelos gânglios basais"

Ramachandran

Por que não sorrimos para abrir nossas almas? O sorriso é a chave mágica das relações, das comunicações. Sorriso é diferente do riso. Enquanto o riso é expressão de humor, o sorriso é expressão de afeto. O sorriso atrai, encanta, capta a atenção. É mágico. As pessoas são atraídas por um sorriso! Um sorriso verdadeiro, do coração, que penetra no íntimo, alegra a vida. Rabelais dizia: "Os alegres sempre se curam".

O sorriso e o riso são próprios dos seres humanos. Permitem uma aproximação entre as pessoas e grupos. O sorriso, por sua vez, mais comedido, cria laços, abre janelas e portas para o diálogo. Por que não sorrir? Um sorriso aberto, espontâneo, quando nos aproximamos de alguém. Um "por favor", "des-

> "Estamos
> no mundo
> para rir.
> No purgatório
> e no inferno
> não vamos
> mais poder
> fazer isso, e no
> céu não seria
> apropriado"
>
> Jules Renard

culpe", acompanhados de um sorriso, têm mais valor. O sorriso dispensa palavras, remove barreiras, destrói fronteiras. "Um dia sem sorriso é um dia desperdiçado", dizia Charles Chaplin. "O riso, como a euforia, parece ajudar as pessoas a pensar com mais largueza", enfatiza Goleman.

Poderemos sorrir mais! Temos todo o tempo, hoje, para sorrir. Porque "o riso obriga o corpo à honestidade". As expressões mágicas que despertam e atraem as pessoas numa relação: saber ouvir, dar atenção, dizer por favor, muito obrigado, ser cordial não produzem sinergia nem empatia sem o "sorrir" espontâneo. A arma mais silenciosa das relações: um sorriso empático.

Maestria e Liderança

Parceria sinérgica

A maestria está bem próxima da liderança. "A função básica dos líderes, em nossa opinião, diz Goleman, consiste em imprimir em seus liderados um sentimento positivo. Isso acontece quando o líder cria ressonância – um reservatório de positividade que liberta o melhor que há em cada um. "A ressonância, em termos de funcionamento cerebral, significa que os centros emocionais das pessoas entram em sincronia de maneira positiva. Uma das maneiras mais poderosas e diretas de criar essa conexão ressonante entre cérebros, é importante lembrar, é através do riso." E do sorriso, naturalmente. Os maestros, como os líderes, trabalham "não só sobre os aspectos tangíveis, como melhores resultados de negócios e retenção de talentos, mas também em relação aos – igualmente vitais – intangíveis, tal como um moral mais elevado, maior motivação e comprometimento". A maestria pessoal atua com e como a liderança. "Quanto mais abertos forem os líderes, quanto melhor derem vazão ao seu próprio entusiasmo (...), mais prontamente os demais serão dominados por essa mesma paixão contagiante." Esse contágio é a música que toca os corações e mentes quando exercemos a nossa maestria pessoal. O efeito flui de dentro de nós para os outros, para o ambiente, os resultados retornando também. Cria a sinergia ressonante. "E mais prontamente os demais serão dominados por essa mesma paixão contagiosa."

Maestria e emoção

Razão e emoção sempre acompanharam o homem na sua trajetória pelos caminhos da evolução. A Grécia, berço da cultura universal, desenvolvia uma concepção do homem pleno: razão e emoção ao lado do intelecto. O corpo e a mente vistos como um todo indivisível, inseparável, porque havia um cérebro emocional muito antes do racional. O intelecto veio depois, fundindo essas duas instâncias. Aristóteles, em Ética a Nicômaco, defendia a integridade entre corpo/mente como uma instância natural do homem – um ser pensante, um ser apaixonado. "Um meio-termo; aqueles extremos a que nos deixamos arrastar com mais frequência; e por isso a intemperança, que é um excesso, é mais contrária à temperança", porque "qualquer um pode encolerizar-se, isso é fácil, mas fazê-lo a pessoas que lhe convém, na medida certa, na ocasião, pelo motivo e da maneira que lhe convém, eis o que não é para qualquer um e tampouco fácil".

Coube a Descartes, pensador francês, influenciar o pensamento de milhares de anos da visão mente/corpo numa só instância. O cartesianismo – Cartesius, seu nome latino – representa a culminância de um processo que submeteu a imagem que o homem tinha de si mesmo e do mundo. A realidade cultural, a ciência física que se exprime matematicamente, vem quebrar o modelo da integralidade do homem visto por Aristóteles. O "EU" cartesiano – penso, logo existo – é puro pensamento um "res cogitos", em oposição ao res extensa – a realidade do corpo. O dualismo psicofísico, dicotomia corpo/mente, incorporou a visão sobre o homem como um ser duplo, composto de uma substância pensante e outra externa. Acentua o caráter absoluto e universal da razão que, partindo do cogito, com suas próprias forças, pode chegar a descobrir toda as verdades possíveis.

Mensuração do racionalismo

O advento do teste de mensuração de inteligência corroborou a visão mecanicista. Criado para facilitar a integração homem-máquina-trabalho, rotulou o ser humano com a criação da escala de inteligência: baixo, médio e alto QI. Sentir, amar, relacionar-se, empatizar eram atributos secundários. A caça aos talentos de alto QI tornou-se obsessão. Só o intelecto valia, dissociando o ser humano da necessidade de sentir, amar, desejar, sonhar, como indicadores de sucesso. As organizações exigiam as cabeças dos homens – não os corações.

Preocupados com o resgate do sentimento, pensadores modernos, como Maslow e Mc Gregor, insurgiram-se contra o mecanicismo de Descartes, lançando-se para o novo iluminisno das relações humanas. Motivação, integração, empatia, sinergia foram forças resgatadas. Simultaneamente, outro movimento acontecia na Califórnia: a procura de liberdade, de espiritualidade, do significado do homem, da natureza da sua existência e para sua existência; uma conspiração de valores que se chamou "conspiração aquariana", através de M. Ferguson. O homem como centro da atenção e como fator produtivo. Fritjof Capra endossou este novo saber com o Tao da Física. A onda da qualidade despertou para a necessidade de o homem fazer parte integrante do processo de busca de excelência.

Antônio Damásio – O Erro de Descartes – questiona: "Qual foi então o erro de Descastes? Ou, melhor ainda, a que erro de Descartes me refiro com ingratidão? Poderíamos começar com um protesto e censurá-lo por ter convencido os biólogos a adotarem, até hoje, uma mecânica de relojoeiro como modelo dos processos vitais (...) A afirmação sugere que pensar e ter consciência de pensar são os verdadeiros substratos do existir. E como sabemos que Descartes via o ato de pensar como uma atividade separada do corpo, essa afirmação celebra a separação da mente, a coisa pensante, do corpo não pensante, o qual tem extensão e partes mecânicas". Baseado em pesquisas científicas, fundamenta-se o conceito revolucionário: a importância dos sentimentos no processo da decisão.

"A emoção e os sentimentos constituem a base daquilo que os seres humanos têm discutido há milênios como alma ou espírito", acrescenta o neurocientista A. Damásio. E continua em O Mistério da Consciência: "A mente permanece ligada ao cérebro em uma relação um tanto equívoca, e o cérebro foi consistentemente separado do corpo em vez de ser visto como parte de um organismo vivo e completo". Mesma idéia já aparecia em obras de Ludwig von Bertalanffy, Paul Weiss e Kurt Goldstein.

Daniel Goleman, em Inteligência Emocional, acrescentou o novo enfoque sobre o que é ser inteligente: "Uma visão da natureza humana que ignora o poder das emoções é lamentavelmente míope (...) Como todos sabemos por experiência, quando se trata de modelar nossas decisões e ações, o sentimento conta exatamente o mesmo – e muitas vezes mais – que o pensamento. Fomos longe demais na enfatização do valor e importância do puramente racional – do que mede o QI – na vida humana".

Temperos da vida
Sinfonia nº 7

Como na vida! Tudo na medida certa. Igual a um suflê dourado, fofinho. Sal e pimenta bem dosados. Fermento, ovos, queijo. Cozimento perfeito. Eis a iguaria que agrada a todo paladar. Tão simples! Mas a simplicidade não é fácil quando se trata da arte de viver.

O saber viver também tem a receita do comportamento ideal: o suflê da vida. Quais os componentes necessários para atingir a plenitude do saber viver? Os ingredientes, conhecemos: pululam dentro de nós – nossas potencialidades. O ser, o ter, o fazer num processo de interação, em que as vitórias internas somam com as externas. A receita: o resultado da nossa competência emocional, porque a racionalidade sozinha esturrica o suflê.

Por onde começar? Pelo desejo, sonho e ação numa proporção três vezes maior que as demais porções. O desejo desperta a paixão; o sonho abre horizontes; a ação impulsiona o caminhar, o que assegura o sentido de continuidade, de ligação e de direção. A certeza do saber e o dever do fazer sedimentam-se no autoconhecimento. Mas o suflê da vida exige mais, porque a receita certa será sempre aquela que deliciará não só o EU, mas também o NÓS. Por isso, deverá ser feita na coletividade e harmonia.

Outro ingrediente importante é o entusiasmo – rota para o sucesso e aumento da largueza do pensamento. Acrescente-se uma pitada de esperança – base do otimismo e perseverança. Aí é que se pode adicionar a empatia – sentir com os outros –, promotora da interdependência. Isto, seguido do humor, antídoto contra a apatia, catalisador do pensamento flexível. Põe-se o fermento da multiplicidade e grandeza – a sinergia, em que o todo é maior e melhor que a soma das partes. Polvilha-se com o pó da felicidade.

Porém nada acontecerá se não colocarmos na receita uma boa dosagem de amor. O amor que libera hormônios, aproxima pessoas. Que faz a vida parecer bela! A pitada deve ser maior que a soma de todos os ingredientes. Cozinha-se no forno da paixão. Serve-se na távola redonda do compartilhamento, da simplicidade e humildade. Sorrindo.

Saber viver! A receita está disponível no nosso interior, porque carregamos dentro de nós a semente da perfeição e proatividade. Nesta era da aprendizagem contínua, precisamos ser mais sábios para tirar proveito dela. Institucionalizar, como práticas, as aptidões humanas essenciais: autoconsciência, autocontrole, empatia.

"A inteligência acadêmica pouco tem a ver com a vida emocional. Os mais brilhantes entre nós podem afundar nos recifes de paixões desenfreadas e impulsos desgovernados; pessoas com altos níveis de QI são às vezes pilotos incompetentes de suas vidas particulares", diz "O cérebro emocional está tão envolvido no raciocínio quanto o cérebro pensante", porque, na dança da vida, sabedoria é transformar em parceiros coração e razão.

Referências bibliográficas

AMANA Key. Idéias Amana, apostila resumo do livro Megatrends

ARISTÓTELES. Os pensadores – Ética a Nicomaco. Abril Cultural, 1979

CAPRA, Fritjof. A teia da vida. Ed. Cultrix-Amana Key, 1996

DAMÁSIO, Antônio. O erro de Descarte. Companhia das Letras, 1994

_____. O mistério da consciência. Ed. Companhia das Letras, 2000

DESCARTES, René. Os pensadores – Discurso do método. Abril Cultural, 1979

NASCIMENTO, Elzi et al. Terapia do riso. Ed. Harbra, 1998

FERGUSON, Marilyn. A conspiração aquariana. Ed. Record, 1980

GOLEMAN, Daniel et al. O poder da inteligência emocional. Ed. Campus, 2002

_____. Inteligência emocional. Ed. Objetiva, 1995

MASLOW, Abraham. Maslow no gerenciamento. Ed. Qualitymark, 2000

RAMACHANDRAN, V. S. Fantasmas no cérebro. Ed. record, 2002

ROBINS, Anthony. Poder sem limites. Ed. Best Seller, 1987

SENGE, Peter. A dança das mudanças. Ed. Campus, 2000

WAITLEY, Denis. Impérios da mente. Ed. Campus, 1996

Capítulo 8

►Recomeçar◄

"Permanecendo o que somos, não podemos nos tornar aquilo que precisamos ser."
Max DePree

A vida é como uma catedral

"A vida é como uma catedral, não é tanto para ser admirada por sua aparência externa e majestade, embora seja atraente e digna de nota. A vida, como uma catedral, é mais significativa pelo que acontece na santidade de si mesmo.
Não se apresse ao construir suas catedrais ou conquistar seus impérios. Busque com paciência e persistência descobri-las olhando para dentro de si mesmo."
Charles Handy

Porque:

"Para cada direito que você acalentar, terá um dever a cumprir.
Para cada esperança que alimentar, terá uma tarefa a executar.
Para cada privilégio que você preservar, terá que sacrificar um conforto.
A liberdade sempre traz consigo o preço da responsabilidade individual e a justa recompensa por suas escolhas pessoais."
Denis Waitley

Maestria e esperança
Sinfonia nº 8

Neste final de jornada, uma última reflexão. É possível que você já a tenha feito. Como anda sua esperança? Como gerencia sua felicidade?

A esperança não é a última que morre. Ela nunca morre; nós é que fenecemos por falta de esperança. Embora a esperança ocupe, hoje, um lugar de destaque na literatura científica, há uma crise de esperança no mundo. A esperança, como o sonho, alimenta a alma e abre caminhos para o pensamento produtivo, a imaginação e realizações. Sedimenta o princípio básico de todo ser humano; ter fé, acreditar, ser capaz de ultrapassar obstáculos. *Como seu primo carnal, o otimismo, ela tem poder curativo*, enfatiza Goleman.

"A esperança, no sentido técnico, é mais do que um visão ensolarada do que tudo vai dar certo. A esperança, como o otimismo, significa uma forte expectativa de que, em geral, tudo vai dar certo na vida apesar dos reveses e frustrações. As pessoas tendem a diferenciar-se na medida geral em que têm esperança", continua. Esperança e otimismo caminham de mãos dadas: ambos são fatores de previsão de êxito. Estudos comprovaram que alunos com alto grau de esperança estabelecem metas mais altas e sabem como se esforçar para atingi-las. Ela orienta e sustenta o sonho no seu suave bater de asas para transformar o impossível em realidade. Por isso, na lenda grega, o deus, compadecido, permitiu a Pandora que fechasse a caixa dos grandes males a tempo de prender o único antídoto que torna suportável a infelicidade da vida: a esperança.

E o sonho, parceiro da esperança? Onde é que se coloca este gigante? Primeiro sonhamos. *"Nada acontece, a menos que sonhemos antes"*, escreveu Sandburg. A esperança vem depois. O sonho é o desejo, a esperança, sua sustentação. Ambos se complementam na realização. É o sonho que eleva a esperança ao seu mais alto patamar. Se o sonho é a realização do desejo, a esperança viabiliza sonhar mais, esperar mais, perseverar, suportar frustrações e estresses. O sonho ajuda a expandir a consciência. Sonhar não é abstrair-se da realidade; é antes de tudo visualizar caminhos, possibilidades, transformando-as em realizações. O sonho transcende à realidade, reinventa-a, rompendo velhos paradigmas. Faz acontecer. A esperança o alimenta.

O sonho é a primeira criação. A esperança, sua incubadora perpétua. Primeiro sonhamos, para depois realizarmos. Sonhe antes, a realidade é feita de esperança. Sonho e esperança são combustíveis dos empreendedores – maestria sem batuta. Por isso, e por muito mais, esses profissionais estão fazendo a diferença no mundo. *"Se não esperar o inesperado, não o encontrarás."*

Heráclito

Gestão da felicidade
Sinfonia nº 10

A maestria lhe impõe um propósito: ser feliz. Aristóteles, na Grécia antiga, já comungava com esta premissa. Agora, pesquisadores e cientistas comprovam que felicidade pode ser aprendida e gerida. Mas o que é felicidade? Um estado mental de espírito? Uma instância a ser conquistada? Hoje sabemos: ela é determinada mais pelo estado mental positivo dos indivíduos do que por acontecimentos externos. E sabemos mais: a felicidade contamina, beneficia indivíduos, família e sociedade. O método da sua gestão é simples; o processo, depende de você.

Se a felicidade é um aprendizado contínuo, como será a arte ser feliz? Resume-se apenas a três passos de extrema sutileza, segundo *Howard Cutler – A arte da felicidade*. O primeiro toca no mais subjetivo – o desejo, a existência de uma disposição mental positiva, ou seja: querer ser feliz, lutar pela felicidade. O segundo passo é o fortalecimento da determinação: o aprendizado. Conhecer o valor benéfico das emoções positivas e os males das emoções negativas que influem no processo do viver e conviver. O terceiro é a implementação e gestão das práticas.

Partindo-se da premissa (o propósito da vida é buscar a felicidade), fica mais fácil você concebê-la como um objetivo verdadeiro, um impulso forte que poderá ser transformado em prática. E à medida que começa a identificar os fatores que levam a uma vida feliz, você se conscientiza sobre a eficácia da busca contínua. O processo é a prática diária. Segundo a ciência, visualizando-se pensamentos, praticando-se um novo modelo de pensar, poderemos remodelar células cerebrais alterando o modo de funcionamento do cérebro. No caso da felicidade, o pensar deve ser positivo. O cérebro não distingue a diferença entre o bom e o mau.

Vale a pena você buscar a felicidade! Pesquisas mostram que pessoas felizes demonstram maior abertura, disposição a ajudar, maior compaixão, generosidade, amor, confiança, sociabilidade. São ainda flexíveis, criativas, amorosas, menos rancorosas, demonstrando maior autocontrole e abertura. São produtivas e realizadoras. Mais empáticas, compartilhantes, agregadoras.

Adotar a felicidade como um valor, possibilidade legítima e decisão de persegui-la, poderá exercer profunda mudança na sua vida. Esta perspectiva impulsiona-o à tarefa de descartar tudo o que provoca o sofrimento e acumular o que leva à felicidade. São somente três etapas: conscientização, aprendizagem e gestão. Enfim, o propósito da sua vida é a busca da felicidade. Ser feliz é a meta, uma conquista que faz a diferença! *"Os poetas se servem do entusiasmo e exploram a força da imagem"*, diz Edgar Morin.

Maestria e gestão
Sinfonia nº 11

A maestria do futuro não será diferente, porém mais hábil em trabalhar a autoliderança: força invisível. Somente assim será capaz de remover suas barreiras interiores e exteriores. Aprender a construir pontes para o futuro. A maestria do novo século estará centrada no como ser. Será exercida por pessoas voltadas para seres humanos, arquitetas em transformar aspirações em resultados. Centradas na gestão do conhecimento. Nas palavras de Rosabeth Kanter, "são profundamente voltadas para o aprendizado, acompanham as lições extraídas das experiências (...) respeitam parceiros (...). Enxergam além das fronteiras".

Essa maestria será exercida por pessoas capazes de desenvolver sua magia intuitiva. Pessoas que podem conduzir e seguir, ser central e marginal, estar hierarquicamente acima e abaixo, ser individualista e membro de equipe e acima de tudo eternas aprendizes. Seu diferencial consistirá em despertar sua liderança interior para exercer o poder exterior: a liderança compartilhada.

"Liderança não é intelectual nem cognitiva. Liderança é emocional", expressa Judith Bardwick. Como a maestria. Mas o lado lógico-racional mostra que a maestria precisa se sobressair em áreas menos tangíveis, como valores, princípios, ética, sem renunciar o lado racional da vida. Só assim poderá ser mais hábil em cativar corações e mentes. Administrar com o cérebro esquerdo (racional, sistemático, lingüístico, estruturado); liderar com o direito (intuitivo, artístico, criativo, imaginativo).

"Conhecemos os líderes (maestros de si mesmos) ao vê-los: são aquelas pessoas que, nas suas maneiras inimitáveis, inspiram confiança, acabam com o desespero, lutam contra o medo, iniciam ações positivas e produtivas, acendem as velas, definem as metas e apontam brilhantes amanhãs" (John Work). É fácil desempenhar a maestria quando se está no comando, quando se detém a informação. Isso acabou. Hoje o poder é compartilhado, como o conhecimento. A maestria cosmopolita tem que liderar acima, abaixo e para os lados.

Uma importante atribuição da maestria é descobrir o caminho. Será exercida, antes de tudo, por uma pessoa simples, esperançosa, amiga, que ama pessoas, o trabalho e a vida. Aspira e inspira contribuir para uma causa coletiva.

Os líderes ao vê-los: são aquelas pessoas que, em suas maneiras inimitáveis, inspiram confiança, acabam com o desespero, lutam contra o medo, iniciam ações positivas e produtivas, acendem as velas, definem as metas e apontam brilhantes amanhãs" (John Work). A Maestria distingue-se também pela forma amistosa de dar as mão e conduzir pessoas.

TECENDO CAMINHOS

> *"O que nós vemos é o que o sistema de nossas crenças e conceitos nos permite ver, em contato visual com o mundo."*
> Lynn Margulis

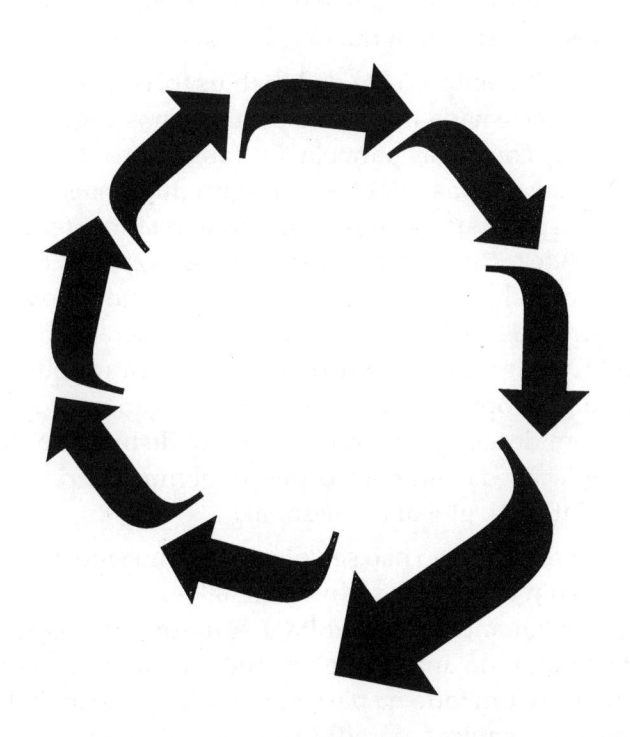

A fita de Möebius

O milagre da continuidade

A fita de Möebius é uma superfície de uma face que apresenta muitas propriedades inesperadas, concebida pelo matemático e astrônomo alemão Augustus Ferdinand Möebius (1790/1868). Pode-se fazer uma fita de Möebius pegando uma tira de papel e formando um anel com ela. Antes de juntar as duas pontas, dá-se meia-volta em uma delas. O anel fica com apenas um lado. Pode-se comprovar isso riscando uma linha horizontal ao longo da fita. Depois disso, se recortá-la com uma tesoura ao longo da linha traçada, verifica-se que ela se transforma em um anel duas vezes maior (só que com dois lados, não sendo mais uma fita de Möebius). O normal é formar-se dois anéis menores. Se cortar a fita em três, formam-se dois anéis entrelaçados – um deles com dois lados; o outro, uma fita de Möebius.

Durante muito tempo, a fita de Möebius foi considerada um divertimento agradável, e nada mais. Nos últimos anos, algumas aplicações práticas foram encontradas para ela. Os fabricantes de borracha usam esse princípio em esteiras rolantes. A esteira dura mais porque os dois lados são, na verdade, um só, e se desgastam igualmente. Uma fita contínua num cassete tocará o dobro do tempo se tiver uma torção. Químicos estão explorando maneiras de fabricar moléculas com a forma de uma fita de Möebius. Quando elas se partirem, ficarão maiores ao invés de menores. Os engenheiros eletrônicos descobriram que um resistor torcido sobre si próprio desempenha sua função com mais eficácia. Especialistas em desenvolvimento de qualidade humana descobriram a poderosa relação da fita com o desenvolvimento do ser humano, como pessoa integral, global e uníssona.

Quando o ser humano não se volta para si mesmo, pode continuar sendo um ser com duas partes, dividido, talvez nunca se encontrando completamente. Quando ele se volta a si mesmo introspectivamente, aumenta o seu grau de autoconhecimento, passando a perceber que é parte de um todo e um todo na parte, um ser humano global. Transcendendo-se, rompe barreiras, paradigmas. Descobre uma grandeza inexplorada, invisível dentro dele mesmo. Não é mais um ser dividido em duas partes mas global, único. Razão e emoção. Interior e exterior.

Faça esta experiência:
1. Recorte uma fita de papel branco com cinco centímetros de largura e trinta de comprimento.
2. Pinte uma face da fita.
3. Agora, dê uma volta (torção) na fita e cole as duas pontas.
4. Risque uma linha em um dos lados da fita. Você irá descobrir que ela tem somente um lado. É uma fita única, contínua, infinita.
5. Depois disso, se recortá-la com uma tesoura ao longo da linha traçada, você verificará que ela se transforma em um anel duas vezes maior, só que com dois lados, deixando de ser uma fita de Möebius. Se recortar novamente, formam-se dois anéis entrelaçados – um deles com dois lados e outro, uma fita de Möebius.

Implicação: Quando interliga os dois lados (hemisférios direito e esquerdo do cérebro, razão e coração, pessoa e profissão, intuição e razão, lazer e trabalho, sonho e realidade), o ser humano fica mais completo, uníssono.

Fonte: Um Toc na Cuca

DESAFIOS DA MAESTRIA
Partitura XVII

Sonhar grande

"O pensamento é mais do que nunca o capital mais importante para o indivíduo e a sociedade"

Edgar Morin

Sonhar grande
E alcançar as estrelas

Está afixada na entrada principal do Williams College: "Suba alto: Suba longe. Seu objetivo é o céu: Seu alvo as estrelas". Uma mensagem que se incorpora ao inconsciente dos jovens que transitam naquele centro educativo. Intencional ou não, o sonho agrega-se ao saber e, naturalmente, o saber ao sonho. Talvez, para esses jovens, o hábito de pensar grande, de sonhar, os acompanhe pela vida inteira. E envelheçam sonhando, produzindo mais, diferentes de outros tantos jovens, que por condicionamento fincaram seus pés no chão; esqueceram de pôr a cabeça nas estrelas. Não foram educados para sonhar, visualizar e projetar suas vidas. E o que dizer dos adultos e idosos que já engavetaram seus sonhos?

Embora nossas instituições não privilegiem o sonho, como elemento importante na construção do projeto de vida de cada cidadão, o sonho faz parte do cotidiano do ser humano. Alçou vôo, sendo incorporado a algumas ciências, graças à descoberta do seu poder na educação, planejamento, psicologia. Sonhamos primeiro, realizamos depois, conscientes ou não, porque o sonho não tem idade. Está no coração do poeta, do artista e de todos que buscam seu lugar ao sol, na certeza de que nada acontece sem que sonhemos antes. Por ser força mobilizadora, deve ser grande, visualizado. Como o sonho ordena o inconsciente, ele ultrapassa obstáculos.

Segundo S. Covey, "todas as coisas são criadas duas vezes". Há uma criação inicial, mental (sonho) e uma criação física (realização), segunda criação. Na primeira está incluído o sonho. Quanto mais capacitados estivermos para a elaboração da primeira, mais realizadores seremos como arquitetos e construtores de nossas vidas. Sem a primeira criação, seremos

Arquitetar o sonho, o primeiro passo

Agregar o sonho ao saber e ao fazer

Sonhar primeiro, realizar depois

A criação, inicial, o sonho

Sonhar, como navegar, é preciso

Só assim o homem ultrapassará fronteiras

meros construtores de sonhos de outros. Sonhando, seremos seres mais completos e produtivos, em qualquer idade.

Uma das formas mais práticas de se elaborar o sonho é transformá-lo numa missão. Uma boa missão deve ser pessoal, positiva, voltada para o presente, visual e emocional. Um credo. Um pouco parecida com aquelas das organizações. Ela deve estar inserida na nossa filosofia de vida e concentrada naquilo que desejamos ser e fazer e nos nossos valores e princípios. Arquitetar o sonho é o primeiro passo para a criação da identidade do ser humano: o que deseja, o que é, o que pode contribuir. E nunca o que desejam para ele, o que querem que ele faça.

Sonhando, o homem planeja o papel de construtor do seu próprio caminho. "Posso viver de minha imaginação, não de minha memória", diz Covey. Podemos viver do nosso sonho, não do sonho dos outros. Podemos nos reportar ao nosso ilimitado potencial de criatividade que nele está contida. E aprendermos a crescer e mudar através dele.

O homem foi dotado deste dom exclusivamente humano. É através do sonho que ele consegue visualizar o futuro analisando potencialidades presentes, fazendo planos. Imaginando, sonhando, extrapola suas limitações e cria, inova, quebra paradigmas. E o que dizer do sonho coletivo?

Um dia, quando todos os homens aprenderem a sonhar, haverá lugar para o grande sonho da humanidade. Sonhar é preciso; como navegar. Assim, o homem ultrapassa suas fronteiras. O sonho e a intuição, como a imaginação, são parceiros da criação: transformam visão em realidade.

DESAFIOS DA MAESTRIA
Partitura XVIII

Regar a semente

Semear conhecimento
Responsabilidade social

"A existência humana é possível apenas no conflito", disse Kierkegaard – *"um conflito entre a vida simultânea do homem como indivíduo no espírito e como cidadão na sociedade"*. Nesta era do conhecimento, como indivíduo, talvez seu maior conflito esteja na responsabilidade pelo aprendizado contínuo – a aquisição de mais conhecimento – auto-atualização. Como cidadão, na responsabilidade social pela transmissão do conhecimento. Repartir o saber.

"O sentimento do não saber pode gerar uma grande ansiedade"

Peter Senge

Hoje, mais do que nunca, indivíduos, grupos, organizações, a sociedade, estão conscientes desta nova responsabilidade. Aprender não basta, é preciso multiplicá-lo. Aprender só não é suficiente. É necessário saber mais, a cada minuto, a cada dia. Será esta a grande meta, a tarefa inacabável do homem do conhecimento. Peter Drucker enfatiza que *"o principal problema moral da sociedade do conhecimento será da responsabilidade dos homens do conhecimento"*. Aprender, hoje, traz a agregação do valor do saber e a obrigação pela multiplicação deste valor. Mas será que o homem do conhecimento está preparado para esta responsabilidade, numa época em que as áreas do conhecimento estão em constante mudança? Semear conhecimento implica, além da incorporação deste valor, preparar-se para mudar.

"Tão grandes e profundos como qualquer desses impactos gerados pelo conhecimento são os impactos exercidos sobre ele. Acima de tudo as transformações do conhecimento em base do trabalho e do desempenho impõem responsabilidades ao homem do conhecimento. De que forma ele aceitará tal responsabilidade, e como colocará em prática, será, em grande parte, determinante para o futuro do conhecimento" (P. Drucker). A implicação mais evidente é que cada indivíduo terá como meta o próprio aprendizado e o reaprendizado contínuos, socializados.

> *"Conhecer
> e pensar
> não
> é chegar
> à verdade
> absolutamente
> certa, mas
> dialogar
> com as
> incertezas"*
>
> Edgar Morin

Quais serão as novas exigências da sociedade do conhecimento? A primeira prioriza uma instrução universal de alto nível. A segunda exige um aprendizado que dure toda a vida. As escolas deverão motivar os alunos para o aprendizado contínuo. A sociedade, as organizações, deverão proporcionar os meios. E o homem do conhecimento, incorporar, como novo valor, que *"todo conhecimento é santificado e santifica"*, como disse Boa Ventura. Entretanto, a verdadeira santidade só acontecerá no compartilhamento do conhecimento transformado em ação.

Necessitamos semear mais conhecimento. O conhecimento guardado, estocado, apodrece. É preciso compartilhá-lo, expandi-lo um a um, mil sobre mil, produzindo sua maior sinergia – o conhecimento universal. Os homens do conhecimento deverão ter nas suas entranhas esta grande maestria, talvez o seu maior legado.

A política do conhecimento, a transformação do saber em desempenho, resultados, sua socialização e compartilhamento serão nossa maior e mais profícua responsabilidade neste novo milênio. Talvez o primeiro passo para semear conhecimento seja a renúncia da vaidade humana e a substituição do egoísmo pelo altruísmo e simplicidade. Fertilizar a terra, semear a semente, regar o solo, colher o fruto, plantar a semente, eternamente.

DESAFIOS DA MAESTRIA
Partitura XIX

Fazer mais diferença

*"Fazer,
criar,
inventar
exigem uma
unidade
de
concepção
de criação
e de
responsabilidade"*

Einstein

Fazer a diferença
O sopro da alma

O que nos torna diferentes e tão semelhantes? O que nos faz tão parecidos com os nossos ancestrais chimpanzés? Geneticamente somos quase iguais! Compartilhamos com 99% o nosso código genético. Apenas 1% nos separa. Ambiciosos que somos, esperávamos muito mais. As descobertas genéticas apontam 30.000 genes para nós humanos em comparação com os 29.700 para eles, os chimpanzés. Se procurarmos descer mais nas descobertas, veremos que os vermes, tão inferiores gozam do privilégio de possuírem 19.000 genes; os camundongos 27.300; as moscas 13.500. Cientistas brasileiros apostam em 50.000 o número de genes para o homem.

Parece pouco 1%? Talvez seja um valor pequeno para um *"homo sapiens"*, mas um grande diferencial da inteligência, da linguagem, sinergia pela magia de extrair das semelhanças sua maior diferença. Aprender a buscar no seu âmago o saber necessário para "ser humano". Explorar o seu interior para lançar-se na exterioridade do aprender a ascender na escala das diferenças e das igualdades com os seres vivos e "inanimados" do planeta.

Assim, o homem aprendeu outra lição, a da autoconsciência – conhecendo-se a si mesmo. Olhando-se para dentro, explorou o interior desenvolvendo no cérebro sua capacidade integrativa, através da união do hemisfério cerebral direito – intuitivo, poético, criativo, emocional, imaginativo – ao lado esquerdo – racional, sistemático, detalhista, estruturado. Nesta junção sinérgica fez eclodir sua primeira criação. Com somente 1%, transcendeu potencialidades, recriou novas chances, como a descoberta do fogo tirado de suas tempestades exteriores e interiores. Moldou valores, criou seu código de ética.

Compreendendo que o todo é maior e melhor que a soma das partes, o homem aprendeu que, como criatura, é o seu próprio criador. Olhando para os olhos dos seus semelhantes, deu as mãos para ir mais longe, percebendo nas diferenças suas igualdades e nelas, oportunidades. Com somente 1%, fez o mundo a sua semelhança.

"Se tivermos a coragem de ir mais adiante, podemos auxiliar na construção do futuro"

Peter Senge

Poderá ser melhor! Um mundo compartilhado, um mundo de todos os seres, inferiores e "aprendizes de superiores". Um mundo onde a capacidade de doação, amor, empatia, ética, altruísmo, esperança molde a arte da construção coletiva. Um mundo berço acolhedor da humanidade, onde todos os povos serão iguais – negros, brancos, amarelos, vermelhos – afinal, apenas 0,01% é a diferença genética entre as raças. Os condicionantes culturais representam 99,99%. Criando culturas, o homem diversificou-se, produziu novas diferenças, embelezou a terra.

Descobrirá, ainda, que "na natureza não há acima ou abaixo e não há hierarquias. Somente redes aninhadas dentro de outras redes", como diz Capra. Esta será a sua maior e última criação. E talvez sua última chance. Mas resta ao homem explorar mais o seu potencial de 1%: fazer mais diferença. Sonhar mais alto, porque nos sonhos explorará o valor mais humano: buscar sua felicidade. Deixará seu maior legado: o sopro da alma neste planeta vivo. Sua eterna exploração. Sua responsabilidade de cada dia, porque é diferente...

"Contemple o mundo com novo frescor, com os olhos de um principiante. Saber que você não sabe e estar disposto a admitir isso sem desculpas nem acanhamento é ser fonte de verdade e preparar o terreno para aprender e progredir em qualquer atividade."

Epicteto

"A arte é a natureza domada"
Peter Senge

A responsabilidade nossa de cada dia.

Você conhece a história de Sísifo, rei de Corinto? Talvez devêssemos ser o Sísifo moderno dos novos tempos. Essa lenda é um exemplo para todas as pessoas que desejam crescer sem abdicar do peso da responsabilidade.

Sísifo e o saber, como na mitologia

A eterna missão

Como Sísifo, que fora condenado por Plutão a empurrar uma enorme pedra rumo ao topo de uma montanha, nós humanos devemos escalar as montanhas do conhecimento, como aprendizagem na busca da pedra filosofal. Ao contrário da pedra de Sísifo, que rolava sempre abaixo, o cristal do saber, por ser saber, desafia a gravidade, rolando acima, impulsionando os homens do conhecimento à procura incansável do prazer do conhecer: tarefa da vida.

Enquanto Sísifo, castigado a empurrar sua pedra, nós humanos aprendizes fomos "agraciados" em procurar sempre uma pedrinha que rola acima, e que pela translucidez do seu cristal é invisível aos olhos de quem a procura. Somente o ofuscar do seu brilho e a luz do saber servem de referência para a eterna busca. Como Sísifo, esta é a nossa eterna tarefa, nossa meta permanente.

Como Sísifos modernos, globalizados, empoderados, o aprender para sempre é a nossa eterna "dívida", dádiva dos deuses. Responsáveis pelo aprender contínuo, nunca seremos castigados, embora punidos pelas perdas enormes da não-atualização permanente. Talvez o lado Plutão moderno dos nossos deuses nos imponha a parte mais gratificante, mais significante, mais nobre: o "castigo" sublime da auto-atualização. Chegar ao topo em busca da pedra filosofal faz parte de nós Sísifos hodiernos. Sem esta arte – a arte da transformação pelo conhecimento, pela transcendência, nem os deuses abrirão as suas trilhas aos nossos caminhos.

Como na mitologia, antes de sermos condenados a colocar a pedra das nossas responsabilidades não cumpridas no topo das montanhas da vida, deveremos nos tornar mestres na aplicação do conhecimento ao conhecimento. Sem abdicarmos do autoconhecimento, tão importante, cuidemos do nosso conhecimento, porque "o conhecimento, como o consideramos hoje, é comprovado por meio da ação", diz Peter Drucker. É pelo saber que o homem deixa seus marcos.

Pelo privilégio de sermos seres inteligentes e humanos, responsáveis pela construção coletiva, pela transformação e aplicação do conhecimento, "saber não basta; é preciso aplicar. Desejar não basta; é preciso fazer", como enfatizou Göethe. Por isso, à medida que avançamos na escalada ao alcance das nossas necessidades, deveremos sentir sempre o apelo de Plutão, como a nos cobrar: busque a sua pedra nos topos das montanhas do conhecimento! Há pedrinhas brilhantes de todas as formas e dimensões, cada uma adequada às nossas necessidades de "homo sapiens" que sabe que sabe e deverá saber sempre mais, porque "na verdade o homem é um ser em busca de sentido" (Viktor Frankl). Este conhecimento, este saber, hoje, é o nosso maior legado.

> "À medida que os indivíduos praticam a disciplina do domínio pessoal,
> uma série de mudanças começa a ocorrer
> gradativamente em seu interior"
> Peter Senge

Mais um desafio, porque nunca existirá o último

Começamos com nove pontos, nove obstáculos ou nove oportunidades. Finalizaremos com doze. Crescemos neste espaço de tempo, aprendendo, nos desenvolvendo; a natural evolução dos empreendedores. Encerraremos com o resultado da nossa própria evolução, das nossas potencialidades nesse exercício final.

Coloque nove palitos de fósforo organizados em três fileiras, cada uma com três palitos, conforme o desenho.

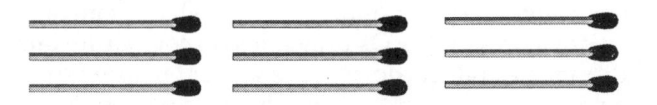

Mantenha separados mais três palitos, para serem manuseados com o exercício.

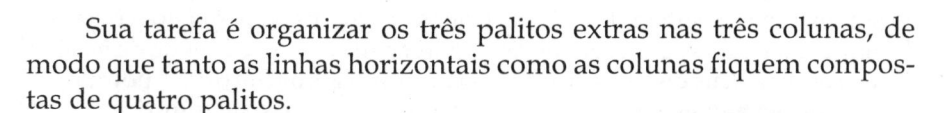

Sua tarefa é organizar os três palitos extras nas três colunas, de modo que tanto as linhas horizontais como as colunas fiquem compostas de quatro palitos.

Você tem todo o tempo que desejar e dispuser para realizar este último exercício. Teste seus pressupostos, paradigmas, seu pensamento produtivo. Pratique sua criatividade, capacidade inventiva, potencialidades. Não fique condicionado pelas rotinas e hábitos. Mantenha seu pensamento aberto para outras opções e combinações.

"Carpe diem"
Sinfonia nº 12

Neste instante que você tomou a iniciativa de ler este livro, "aproveite o dia"! Seu dia terá sempre a sua cara. É resultado de suas atitudes, sonhos, valores, ações. Você poderá torná-lo melhor ou pior, independentemente das variáveis internas e externas que preenchem o seu círculo de vida. Ele é o espelho de sua alma. Mas, enquanto a alma é eterna, seu dia tem só 24 horas. Por isso, trate de escolher que tipo de dia irá vivenciar hoje, porque ele estará sempre a sua frente como uma tela branca a ser pintada pela manhã. A questão é: como arquitetar bem a jornada de hoje? Com que cores e nuances você irá enfeitá-la? Como aproveitá-la para tornar-se um ser humano mais completo? *"Fazer, criar, inventar exigem uma unidade de concepção de criação e de responsabilidade"*, disse Einstein.

A escola não ensinou a lição. A educação ofereceu apenas cores, pincéis e uma tela em branco. Esqueceu de passar o dever de como arquitetar um dia com significado, realizações e relações. Isso é grave, porque a vida coloca à frente – diariamente – um grande dia em que você poderá ser o que quiser ser. Para isso, é preciso que questione: quais as ferramentas mais adequadas que deverei utilizar para viver hoje o meu dia, com as potencialidades e deficiências que tenho? Meus objetivos e metas estão me ajudando a chegar ao melhor que posso num mundo globalizado?

Como ser inteligente, é sua função escolher o tipo de dia que irá construir, logo cedo pela manhã, antes que ele apareça elaborado por outros. Como ser humano, deve escolher os caminhos que levem ao encontro do seu significado. Poderá ser um dia de cão! Deverá ser um dia de santo! Ou momentos de paz e amor. Nessa escolha, pesam muito os valores do ser e os valores do ter. Os princípios do compartilhamento ou do individualismo. A estratégia do vencer x vencer ou do vencer x perder. O egoísmo ou o altruísmo. Você é o único escultor que poderá dar a forma desejada a essa jornada.

Arquitetar o dia é aproveitá-lo, segundo a expressão latina. Dela, depende muito o seu sucesso pessoal e profissional, o amor e o desamor, encontro e desencontro. Todas as vitórias internas – as mais importantes, e as externas, resultados visíveis. Sonhos realizados ou pesadelos concretos. O exercitar-se para visualizar e definir o dia de hoje depende de você. Dependerá mais do valor que der à expressão – aproveite o dia – porque é sua função escolher em que tipo de dia irá viver hoje e no futuro.

Acorde cedo amanhã com um novo propósito para seu dia. O de tornar-se um ser humano que aprende, cresce e contribui. Assim, você poderá tocar o futuro na sua bela jornada para as estrelas. Esta será sua missão: construir dias melhores, enriquecer a humanidade. "Carpe diem", porque no jogo da vida não há reprise!

Referências Bibliográficas

CREMA, Roberto. Introdução à visão holística. Ed. Sumus, 1989

CUTLER, Howard. A arte da felicidade. Ed. Martins Fontes, 2002

DRUCKER, Peter. O melhor de Peter Drucker – A Sociedade. Ed. Nobel, 2001

EPICTETO. A arte de viver. Ed. Sextante, 2000

FRANKL, Viktor. Em busca de sentido. Ed. Vozes, 1991

HANDY, Charles. A era do paradoxo. Ed. Makro Books, 1995

MONCRIEFF, Hope. Myths and legends of ancient Greece. Ed. Gramercy Books, 1995

MORIN, Edgar. A cabeça bem feita. Ed. Bertrand Brasil, 2001

OECH, Von. Um toc na cuca. Ed. Cultura, 1983

WAITLEY, Denis. Impérios da mente. Ed. Campos, 1996

Maestria Pessoal

Recomeçar

Sinfonia inacabada em cinco movimentos

1. Reger a sinfonia interior

Apagam-se as luzes. Um pequeno feixe de luminosidade derrama-se sobre o maestro. Ilumina-se o palco. Uma orquestra sinfônica apresenta-se a centenas de amantes da boa música. A platéia prende a respiração aguardando o momento mágico de acordes que irão penetrar nos corações e almas de cada ouvinte. Uma partitura, músicos, um maestro. Deleitar o auditório, o grande significado da noite. De repente, o primeiro acorde ecoa suavemente. Maestro, instrumentos, partitura fundem-se nos mais belos "movimentos". A música preenche o ambiente. A maestria acontece.

Assim começa a magia de uma orquestra sinfônica. A partitura direciona a harmonia. Os músicos dão vida a metais e cordas. O maestro cria o espetáculo. O significado maior – encantar o público. A missão – reger a orquestra coordenando diferenças e semelhanças. O milagre realizado através da regência. Uma liderança interior. Uma ação compartilhada.

Para a regência da sinfonia interior de cada um de nós, deveremos ser como os maestros. Como maestros de nós mesmos, necessitamos de um porquê, um projeto, uma missão e uma grande visão. Qualquer coisa que direcione nossas vidas dando-lhes um significado especial que impulsione à ação. Precisamos de instrumentos. Como maestros, dispomos de uma centena deles: criatividade, emoções, vontade, proatividade, empatia, sinergia, altruísmo, amor, esperança, perseverança, bondade. Resta-nos regê-los. Mas o maestro não aprende a reger sua orquestra rapidamente. É um exercício de paciência e ensino e aprendizado contínuo. Ele estuda, aprende, ensaia exaustivamente. E nunca desiste. Transforma a regência da sua orquestra interior no seu grande significado para a vida. Aprende a amá-la por um sentido especial elaborado para a própria vida.

Voltando-se para dentro, olhando no seu interior, descobre sua riqueza mais íntima, mais forte que os componentes da sua orquestra – a Maestria Pessoal. Aprende a tirar dessa instância íntima sua maior fonte de aprendizagem e desenvolvimento. O olhar interior. Assim, inebria a platéia. Também cheia de vida. Pessoas altruísticas ou egoísticas; racionais ou emocionais. Seres humanos felizes ou amargurados; dependentes ou interdependentes. Mas sempre tentando, porque o aprendizado ocorre no âmbito da ação.

Sua sinfonia será sempre uma sinfonia inacabada, porque haverá sempre um novo movimento a acrescentar. A cada momento bem vivido, você terá a responsabilidade de vivê-lo novamente melhor. Assim serão os maestros.

Assim deverá ser você, maestro de si mesmo. Nesta expectativa, esperarei ser o seu mais assíduo e entusiasmado ouvinte, como sou com os grandes maestros da vida que me orientam e me impulsionam a viver melhor. Porque nós, seres humanos, seremos sempre platéia. A maestria é um aprendizado. Como amar um Mozart, um Haendel, um Verdi...

2. Ser original

"*A maior força do ser humano é sua originalidade*", expressa Kevin Kelly (Global News Network). Somos originais por sermos diferentes, por fazermos a diferença no mundo. Somos diferentes pela originalidade que empregamos nos nossos processos de criação, realização e relações. "Hoje vivemos a revolução das comunicações, que no ambiente interligado representa o cimento da nova cultura e da nova sociedade." Para que não sejamos massificados, necessitamos cada vez mais da originalidade para sermos indivíduos, grupos e equipes diferentes, influenciando e sendo influenciados. Procurando oportunidades em vez de aperfeiçoá-las. Aproximando-nos e desbravando o desconhecido. Produzindo idéias e colocando-as em práticas a cada instante.

Na sua inusitada originalidade, o ser humano aprendeu a produzir não somente tecnologias, mas também tecnologias a sua semelhança. Por isso, aprende o tempo, todo porque quanto mais aprende a aprender, mais único e original se torna. Um círculo vicioso que o leva ao aprendizado auto-sustentado. Paradoxalmente, ao assumirmos a importância da individualidade, originalidade e do relacionamento na nova sociedade, somos surpreendidos pela confirmação de que o relacionamento é um bem escasso, hoje. Como os trabalhadores do conhecimento de Drucker, como o Potencial Humano que necessita ser alavancado para assumir o novo papel no mundo da criação, originalidade e da produtividade, porque "*o novo capital é uma idéia, é fazer diferença, é manter relacionamentos*".

No contexto da importância do relacionamento humano do *homo originallis*, as relações passam a ser a pedra de toque do trabalhador do conhecimento na nova era da interconectividade. Talvez o homem original precise de uma tecnologia de relacionamentos, para que na nova economia insira-se no conceito da abundância e plenitude como único capital que mantém relacionamento. Para isso, será preciso uma nova receita, bem original, para o aprendizado da empatia, da sinergia, altruísmo.

Embora estejamos vivemos a revolução das comunicações, há uma escassez, um elemento limitado que jamais será abundante: o potencial das relações. Stan Rapp fala do futuro baseado nos relacionamentos, em que "*as três visões do futuro poderiam ser descritas da seguinte maneira: comunicação de voz (...), um relacionamento impossível de copiar é um relacionamento centralizado em rede*". O ser original é o ser que não somente enfrentará mudanças o tempo todo, mas também aprenderá a manter relacionamentos permanentemente.

3. Tecer o aprendizado

"*Os grandes líderes nos mobilizam. Inflamam nossa paixão e inspiram o melhor de nós*", diz Goleman. Grandes líderes também têm o poder de promover mudanças significativas neles próprios desenvolvendo uma capacidade de auto-aprendizado, autoconhecimento, autodesenvolvimento e mudança. Goleman chama a este processo de "*conceito-chave do aprimoramento efetivo de capacidade de liderança de aprendizado autoconduzido*". Ou seja: desenvolver ou fortalecer aspectos importantes de quem somos ou desejamos ser. E praticá-los, quebrando paradigmas.

Para que o aprendizado autoconduzido aconteça, é preciso que desenvolvamos uma forte imagem do nosso "eu ideal" aliada a uma imagem precisa do "eu real", pois "*o aprendizado autoconduzido é mais eficaz e sustentável quando compreendemos o processo de mudança pelo qual estamos passando*". Este processo engloba cinco descobertas, segundo o autor:

1. Meu "eu ideal" (quem quero ser?). Etapa em que começa a mudança. O processo recomenda nos imaginarmos daqui a quinze anos. "*O contato com o sonho desperta a paixão, energia e excitação.*

O desenvolvimento dessa imagem ideal exige um mergulho em nossos recônditos mais viscerais."

2. Meu "eu real" (quem sou?). A análise do eu real começa com um levantamento de nossos talentos e paixões. É preciso grande dose de autoconsciência para superarmos a inércia que o acúmulo de hábitos produz. *"Se estiver achando que seu trabalho, relações, sua vida, não o entusiasmam, nem o enchem de esperança em relação ao futuro, é um claro sinal de que você perdeu o contato com o seu eu real. Será útil investigar em quem você se transformou."*

3. Meu projeto de aprendizado (como reforçarmos nossas virtudes e reduzirmos nossas falhas). O foco é concentrarmo-nos em quem desejamos nos tornar – nosso próprio ideal –, não em quem outras pessoas acham que deveríamos ser. O autor aconselha definir objetivos de aprendizado específicos e controláveis, reunindo-os em metas desafiadoras e motivadoras de talentos.

4. Reconfigurar o cérebro. Experimentar e praticar novos comportamentos, idéias e sensações até dominá-los. Tomarmos consciência dos maus hábitos, praticando opções mais adequadas e ensaiarmos o novo comportamento sempre que houver oportunidade. É por meio do aprendizado implícito que o cérebro ganha domínio das competências de liderança: autoconfiança, autogestão, empatia e persuasão.

5. Desenvolver relacionamentos de confiança/apoio que possibilitem a mudança. O relacionamento precisa fundamentar-se na franqueza, na confiança e no apoio. *"A participação em grupos ressonantes, compostos por líderes que se aventuram juntos no cultivo de novos estilos de liderança, é uma das melhores arenas para a mudança."* Mentores e conselheiros igualmente podem ajudar a descobrir nossos sonhos e compreender nossas virtudes e fracassos, finaliza Goleman.

Por ser o homem um processo autopoético, o vir-a-ser só acontecerá quando o modelo da aprendizagem autoconduzida for encarado como um fator inerente aos nossos sonhos e vidas. Quando o apelo do eu ideal fertilizar nosso eu real. Assim, poderemos ser tão mobilizadores quanto os líderes que nos tocam.

4º Movimento

Viver em pleno potencial

Quando vivemos em pleno potencial, tudo acontece. Mentes e corações interagem num processo sinérgico, sem limites. Idéias criativas fluem exponencialmente, com sincronicidade. Resultados extraordinários aparecem. Entretanto, será que o viver plenamente nosso potencial é um fenômeno ligado apenas às grandes personalidades, atletas, artistas? Será que esta habilidade humana pode ser transportada para as experiências cotidianas de pessoas comuns?

Viver em pleno potencial é uma escolha sábia e simples que se reserva às pessoas autoconscientes, indivíduos comuns quando extrapolam todas as suas potencialidades, realizando o impossível na busca da auto-realização. Pesquisas de Joseph Jaworski e Otto Scharmer (Liderar no seu pleno potencial: Revista HSM – Intermanagers) identificam um padrão possível, já comprovado em práticas, que pode ser reproduzido no cotidiano. Segundo eles, as pessoas que vivem em seu pleno potencial seguem cinco práticas, cerne da nova competência essencial:

- Vendo: observação precisa: sintonizando-se com novos olhos;
- Percebendo: sintonizando-se com padrões emergentes que informam futuras possibilidades;
- Presenciando: acessando fontes internas de criatividade e vontade;
- Cristalizando: criando visão e intenção;
- Executando: agindo instantaneamente para aproveitar o novo.

O processo nunca se realiza mecanicamente. Ocorre num "*contínuo fluido*". Duas ou mais práticas são sempre feitas em conjunto através dos três estágios do processo: co-percepção, co-inspiração e co-criação, comuns para todos os esforços criativos. O primeiro exige atitude de receptividade mental e disposição de abandonar preconceitos, dizem os autores. Durante o segundo estágio, o foco muda do que está acontecendo no mundo externo para a natureza e organização do mundo interno. Refere-se ao presenciamento, "*quando o melhor futuro possível que quer emergir está começando a fluir para o presente*". O terceiro, denominado de ação instantânea, totalmente visualizado em nossa mente, nossas idéias, adquirir vida própria. Não há mais questionamento, hesitação.

Os autores falam ainda de três princípios básicos para o viver em toda a plenitude:

- O poder da intenção – desejo de interagir com a realidade;
- O poder da total mentalização, hiperconcentração, estado de fluxo;
- O poder da compaixão – uma profunda abertura do coração é um elemento natural e essencial da prática, porque *"as ações no coração precedem as ações do corpo e da mente"*.

É necessário favorecer a eclosão do nosso conhecimento interno, porque há um forte elo entre criatividade e autoconhecimento. Viver o pleno potencial não é somente um ato de grandeza. É um ato de autodefinição, de auto-realização, porque *"as pessoas que adquirem sua identidade são causadoras, não causadas"*. Estão em sintonia com o vertiginoso ritmo da criação e da transformação.

5º Movimento

Afinar relações

O homem vivencia, hoje, a eclosão de uma nova onda: a conectividade, impulsionada pela explosão do conhecimento, da informática, tecnologia. Nasce o *homo digitalis*, cuja nova responsabilidade coloca-o frente a uma tela e um teclado conectando-o ao novo mundo. Nasce a urgência de um *homo relationis*. Um ser que se relacione como ser de relações pessoa a pessoa, prática escassa. Com o advento da conectividade, o que fazer com as relações face a face, a ternura de um olhar em busca de compreensão, aceitação, entendimento?

Peter Drucker fala da necessidade de se aumentar a produtividade do conhecimento através da educação. É necessário, também, incrementar a produtividade das relações pelo novo ensino do encontro que começa com o aprendizado do relacionamento humano em cinco etapas:

- Relações consigo mesmo, implicando o desenvolvimento do autoconhecimento, autoconsciência, princípios e valores, ética;
- Relações com os outros, através do desenvolvimento da empatia, altruísmo, pertencimento, socialização;
- Relações com o ambiente, desenvolvendo uma concepção holístico/ecológica da terra como um sistema vivo;
- Relações com o futuro, aprendendo a criar uma grande visão, uma memória do futuro;
- Relações com o sonho, vislumbrando um grande ideal e transformando-o em desejo ardente, profetizado e concretizado;
- Relações com o fazer acontecer. Deixando suas marcas e marcos.

O mundo, hoje, sofre uma carência de potencial humano para assumir os novos desafios, não só da conectividade, mas também da relação homem-homem, da empatia, altruísmo, encontros. Produzir em grupos, equipes, exibirmos nossas competências interpessoais, embora o potencial exista, latente! O que fazer quando nesta nova sociedade de conhecimento o ser relacional é ainda um produto de vitrines, quando deveria ser uma *commodity*.

Relações com os outros, com o ambiente, consigo mesmo, sempre serão a amálgama que dará sustentabilidade à conectividade e à qualidade de vida do homem relacional.

O ser relacional é o ser que aprende, que ensina. "*É o ser que cuida do ser*", como disse Heidegger. Conseqüentemente, está inserido no processo de estar conectado à máquina e pertencer à sociedade; estar isolado e complementado no pertencimento e na interação humana. Porque o ser que cuida do ser não esquecerá – mesmo diante de um monitor – a beleza de um sorriso, de um abraço, de mãos se encontrando... Cuidará das suas relações e da sua conectividade no mundo globalizado. Porque relações são valores, sentimentos autoconduzidos de aproximação e integração. E de amor. Só acontece na interação um a um, dois a dois...

Imerso neste novo paradigma, o homem iniciará a mais bela descoberta, a mais difícil, mais intangível das realizações humanas: a conquista do coração. O desabrochar do novo homem, Maestro de "Si" no seu "Sol Maior" infinito.

Referências bibliográficas

CREMA, Roberto. Introdução à visão holística. São Paulo. Ed. Sumus, 1989

GOLEMAN, Daniel. Aprendizado autoconduzido. São Paulo. *HSM Up Date*, 2003

HUTCHENS, David. Sombras do homem de Neandertal. Ed. Best Seller. São Paulo, 2003

JAWORSKI, Joseph. Viver em pleno potencial. São Paulo. *Revista HSM Up Date*, 2003

MUSSAK, Eugênio. Metacompetência. São Paulo. Ed. Gente, 2003

"Mais! Mais! É o grito da alma confusa:
Menos que o Todo não pode satisfazer o homem"
William Blake

O paradigma holístico. O homem na sua totalidade

Ubiratan D'Ambrósio levanta a questão que o homem está presenciando o final de um modelo cognitivo. De estar se aproximando de uma verdade totalizadora que privilegia o pequeno e o grande, o interior e o exterior, levando-o a novas formas de conhecer, de explicar, de saber e de fazer. De uma nova conceituação de ciência, transcendendo métodos e lógicas.

Holos, do grego: totalidade. "É uma visão na qual o todo e cada uma das suas sinergias estão estreitamente ligados em interações constantes e paradoxais." John Lilly assinala a abordagem holística em três níveis: Ontológica — relativo àquilo que eu sou. Gnoseológica — relativo àquilo que eu sei; e epistemológica — relativo a como sei, e diz:

"É minha firme convicção que o paradigma holístico há de prevalecer, como irreversível onda, modelando a nova racionalidade e uma atitude humana holocentrada, ou seja, a cosmovisão holística que abrirá a porta, indicando um caminho possível para o Terceiro Milênio."

A comunhão do homem com o Todo, porque "a verdade é o todo" (Hegel). E é infinita como o Ser...

A era da sabedoria

Conquistar o mundo

O ser humano está vivenciando o início da era da sabedoria, o que implica o dever de "ser melhor do que ser grande". Ser maior em valores, relações, autoconsciência, esperança, amor. Estamos atrasados, embora apressados, para a era da reinvenção, do crescimento interior e exterior, da autodeterminação. Ingredientes da sabedoria. "Saber destruir coisas e reimaginar o que existe", nas palavras de Tom Peter. Estamos nos abrindo para a compreensão de que 35% do nosso desempenho profissional é fruto da nossa personalidade, do nosso sistema de crenças, valores e paradigmas, sem desprezar o cognitivo. Isso significa que estamos aprendendo a reavaliar nosso comportamento, aliando-o a novas formas de relações, interdependência, sinergia, empatia. Sonhar grande para criar grandes visões como os líderes. Implementá-las como gerentes de nossas vidas.

Mas estamos apenas no começo da exploração do nosso interior iluminado, expandido, capaz das maiores descobertas e realizações, prontos para a partida: a descoberta de que todos somos dádivas de Deus com o mesmo poder, mesmas chances. E a vontade soberana de sermos diferentes. Ser diferente e fazer a diferença será nossa grande viagem para a construção coletiva nesta nave espacial onde somos todos condutores.

Como diz Deepak Chopra, é preciso sentir com os olhos da mente e os olhos da alma. "A alma é o observador que cada um de nós tem dentro de si (...) É ela que interpreta e faz escolhas." Muitas pessoas têm dificuldades de perceber a consciência porque se limitam "a ver o mundo usando os olhos da carne para ver a realidade objetiva".

Emerso neste novo paradigma, o homem iniciará a mais bela descoberta, a mais difícil, a mais intangível das realizações humanas: a conquista do coração. O desabrochar do novo homem, maestro de si mesmo.

POSFÁCIO

▶Para Conquistar a si Mesmo◀

Conhecimento, vantagem competitiva

Eugênio Mussak, autor de Metacompetências, fala da explosão do conhecimento. Segundo ele, todo o conhecimento que a humanidade produziu até o início do Cristianismo foi multiplicado por dois até a Revolução Industrial. Dobrou novamente, primeiro em duzentos anos, depois em cinqüenta e finalmente em dez anos, quando surgiu o primeiro computador pessoal, em 1980. No fim do século XX, foi multiplicado por quatro e na última por dez. "A se manter o ângulo da curva, o conhecimento acumulado em todo o mundo, de todas as áreas do saber humano e de todas as profissões, deve dobrar a cada ano aproximadamente. Por isso, chamar qualquer profissional de 'trabalhador do conhecimento' não é, absolutamente, exagero."

Ter informação, diz Mussak, não é mais vantagem competitiva: A meta é conhecer, porque conhecimento é informação com significado, capaz de criar movimento, modificar fatos, encontrar caminhos, construir utilidade, fabricar beleza. Cada pessoa constrói o próprio conhecimento. E isso vale para o aluno, para o funcionário na empresa ou para o cidadão na rua.

Conhecer é saber. Conhecimento, hoje, ocupa na escala das necessidades humanas o lugar mais importante depois da motivação pela sobrevivência. Saber para autoconhecer-se, saber para ser, para ter, para fazer. Nunca o homem buscou tanto o saber, conhecendo-se e conhecendo mais, transcendendo expectativas, quebrando velhos paradigmas, criando novas visões. Nunca ele foi tão eficaz na reavaliação de suas crenças, valores, enxergando novas oportunidades nas velhas crises. Lançando-se, dando as mãos na trajetória da busca do seu sonho, individual e coletivo. Isso porque o saber é catalítico, catártico. Favorece a empatia quando nos abrimos mais aos outros trocando informações. Impulsiona a sinergia quando aprendemos a somar nossas diferenças e semelhanças no compartilhamento da aprendizagem. Quando doamos, perdoamos, amamos.

No plano intelectivo, o saber vem tornando o homem mais verdadeiro, ético, íntegro, capaz, confiante, porque ele incorporou a certeza sobre as dúvidas, a verdade sobre o desconhecido na busca de um novo significado. No plano afetivo, expandiu sua consciência como um ser que sente, deseja, sonha, substituindo o velho "cogito ergo sum" pelo sinto logo existo. Hoje, como recurso acessível, disponível, bem imprescindível, o saber torna-se a luz e o ar necessários à formação de uma nova consciência para o novo homem sapiens. No plano existencial, o saber impõe, agora, a responsabilidade de um novo agir, um novo fazer ecológico, um sentir mais humano, um realizar compartilhado e ético. No plano da Maestria Pessoal, o saber, o conhecimento deve ser regido, tocado como a pauta do significado maior da sua vida. Sua maior vantagem competitiva.

Conhecimento é como valores, podemos adotá-lo. Como valores é algo pessoal, não se transfere. Mas pode-se expandi-lo, ampliá-lo. Mussak acrescenta que dois elementos são necessários para a construção do conhecimento: a percepção do significado e a criação de um elo afetivo. "O significado é fundamental porque a mente humana tende a rejeitar informações que não tenham utilidade."

Einstein reforçou esta premissa quando disse: "Fazer, criar, inventar exigem uma unidade de concepção de criação e de responsabilidade". Deepack Chopra enfatiza que estamos na era do sentir com os olhos da mente e os olhos da alma.

Paradigmas, metáforas e modelos mentais

Como maestro, qual o conhecimento que você tem sobre o significado dos seus paradigmas ou metáforas usados para interagir com pessoas? Há metáforas que dizem que o homem é o lobo do próprio homem; outras falam que as pessoas são dádivas de Deus! Ou que o inferno são os outros. Ou, ainda, que somos a imagem e semelhança de Deus!

"Metáfora é uma figura de linguagem comparativa, freqüentemente usada para dar um toque criativo a nossa maneira de falar, como dizendo que a *vida é um jogo, o mundo é um palco*", segundo Gareth Morgan, quando classifica as organizações vistas através da linguagem das metáforas. Assim podemos ver também as pessoas. Metáfora é uma força primária através da qual os seres humanos criam significados usando um elemento de sua experiência para entender outro, diz o autor. Metáforas também são usadas para identificar, rotular, dar significados às pessoas. Algumas são belas, construtivas. Outras são pejorativas. Rotulando as pessoas com metáforas, você passa a entendê-las, tratá-las com o mesmo significado dessas metáforas.

Conheça suas metáforas. Descubra quais o levarão a uma relação mais saudável consigo mesmo e com os outros. Quais delas tocarão a sua alma e prenderão seu coração! Descubra-as explorando sua riqueza interior. Volte-se para dentro, num olhar mágico, e veja que pessoa você é e como são belas as pessoas ao seu redor. O conhecimento leva ao autoconhecimento e à autoconsciência, maiores aliados na sua meta de conexão consigo mesmo e com o mundo.

Assim como as metáforas, reflita também sobre seus modelos mentais. Modelos mentais, segundo Kenneth Craik, "são as crenças, imagens e pressupostos profundamente arraigados que temos sobre nós mesmos, nosso mundo, nossas organizações, e como nos encaixamos neles". Como os paradigmas afetam a forma de interagir com o mundo. Como metáforas, têm um poder real facilitando a descoberta dos significados no seu próprio ritmo, mergulhando mais fundo na sua exploração pessoal, como diz Hutchens.

Motive-se, reconheça emoções nos outros. Lide com relacionamentos. Assim você aprenderá a reger melhor sua orquestra à espera de um bom maestro para afinar seus instrumentos. Vença na vida com a sintonia da sua orquestra, representada através de um projeto de vida tão grande quanto sua grandeza. Tão alto como o seu sonho. Para isso, é preciso compor a sua partitura. Assim você dará mais vida a cada instrumento, transformando cada página da sua sonata em um momento mágico para o seu viver.

Poderemos chegar a conhecer o lugar pela primeira vez, disse Eliot. No recriar-se, por este infinito universo, no nosso lar "oikos", você terá sempre uma nova missão a cumprir. Aprender a tocar a partitura da vida com maestria pelas estrelas da Via Láctea. Começando pelas estrelas, você se sentirá pequeno neste universo infinito. Como Hamlet expressou, somos seres humanos muito limitados fisicamente, mas nossas mentes estão livres para explorar todo o universo nesta jornada nas estrelas. Este é o papel. Ser um humilde e pequenino aprendiz num simples planeta da Via Láctea. Apenas um entre os duzentos bilhões de constelações que compõem o universo. Introjetar que "a essência humana não é a utilidade, mas o plenificar", como disse Heidegger.

Encerro este encontro com fragmentos das palavras de J. Powel, S. J.

"As pessoas são dádivas de Deus"
"As pessoas são dádivas de Deus para mim.
Já vêm embrulhadas, algumas lindamente,
E outras de modo menos atraente.
Algumas foram danificadas no correio.
Outras chegam por 'entrega especial'
Algumas estão desamarradas.
Outras hermeticamente fechadas.

....

Às vezes a dádiva é aberta com facilidade;
Às vezes é preciso a ajuda de outro.
Talvez porque tenham medo.
Talvez já tenham sido magoados antes
E não queiram ser magoados de novo."

É preciso aceitar as dádivas que somos. Machucadas, desamarradas, felizes, tristes. Somos todos dádivas do Universo. Somos todos Maestros das dádivas que somos. Das metáforas, modelos mentais, pressupostos e paradigmas que usamos para dar significado à vida. E que também nos rotulam.

"Não podemos aguardar que o mundo mude. Não podemos aguardar que os tempos se modifiquem (...) Nós mesmos somos o futuro.
Nós somos a revolução."

Reveja, agora, seu círculo de influência, páginas 163 e 166. Analise as variáveis sob controle direto (centro) e indireto ou sem controle (periferia). Ainda lhe são adequadas? Lembre-se: o impulso do "SER" sobrepõe-se à ação do "TER". Diferentemente de Hamlet, você pode romper sua "casca de noz" e considerar-se "Maestro" do espaço infinito – sua instância interior.

Maestria Pessoal
Prática de Empreendibilidade

Meu ambiente relevante

Variáveis propulsoras	Variáveis restritivas

Escreva todas as variáveis que influenciam ou interferem na construção da sua vida, relações, alcance dos seus objetivos.

Círculo real

Círculo ideal

Círculo com qualidade

Círculo com excelência

Leia os itens abaixo ligados, possivelmente, a sua vida pessoal, profissional e familiar. Logicamente, nestas circunstâncias, existem variáveis sobre os quais você não exerce controle direto e outras sobre as quais você pode interferir. *Grife* em quais itens você concentra mais energia e tempo nas suas preocupações e ações diárias, interferindo direta ou indiretamente sobre elas.

1. aprendizagem
2. responsabilidade
3. participação
4. relações
5. governo
6. drogas
7. mudança
8. segurança
9. trabalho
10. desenvolvimento
11. emprego
12. Internet
13. autodesenvolvimento
14. independência
15. carreira
16. comunidade
17. pobreza
18. sexo
19. atualização
20. poder
21. viagem
22. amizade
23. cidadania
24. decisões
25. ecologia
26. futuro
27. política
28. sonho
29. amor
30. velhice
31. educação
32. felicidade
33. família
34. fome
35. doação
36. lazer
37. paz
38. qualidade de vida
39. riqueza
40. violência

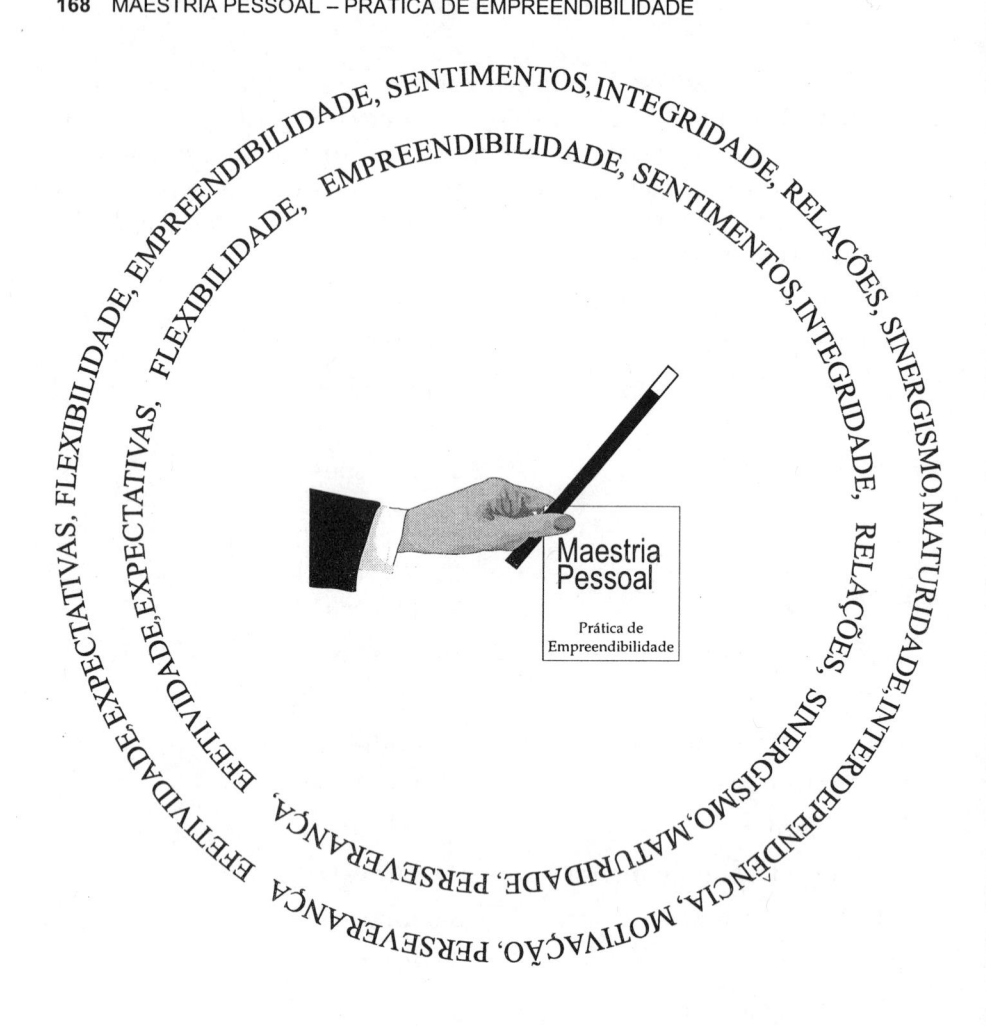

EMPREENDIBILIDADE, SENTIMENTOS, INTEGRIDADE, RELAÇÕES, SINERGISMO, MATURIDADE, INTERDEPENDÊNCIA, MOTIVAÇÃO, PERSEVERANÇA, EFETIVIDADE, EXPECTATIVAS, FLEXIBILIDADE, EMPREENDIBILIDADE, SENTIMENTOS, INTEGRIDADE, RELAÇÕES, SINERGISMO, MATURIDADE, PERSEVERANÇA, EFETIVIDADE, EXPECTATIVAS, FLEXIBILIDADE,

Maestria Pessoal

Prática de Empreendibilidade

MOTIVAÇÃO
HOJE E SEMPRE

Paulo Henrique de Araújo

Motivação Hoje e Sempre foi pensado para ser um livro de cabeceira, no qual podem ser encontradas reflexões rápidas e de aplicação prática ao cotidiano. Paulo Araújo, com uma linguagem simples e eficaz, ensina como fazer a diferença no ambiente de trabalho e na vida pessoal, despertando o entusiasmo e ajudando a desenvolver talentos. São cerca de 50 pequenas crônicas e reflexões, com exercícios ao final de cada uma delas, sempre procurando despertar o leitor para o fato de que a motivação é o grande diferencial profissional nos dias atuais.

ISBN: **85-7303-444-0**
Formato: **16 x 23 cm**
Nº de páginas: **184**

AUTO-REALIZAÇÃO

Valéria José Maria

O que vem a ser Auto-Realização? Como podemos conquistá-la? Como ser capaz de manter a Auto-Realização em alta? É possível viver sem medo e insatisfação? As respostas para essas e outras perguntas você encontra neste livro, resultado de muitas experiências vividas pela autora Valeria José Maria, que tem como objetivo fazer com que o leitor chegue ao que ela chama de Integral Realização Pessoal – IRP.

ISBN: **85-7303-510-2**
Formato: **16 x 23 cm**
Nº de páginas: **164**

Entre em sintonia com o mundo

QualityPhone:
0800-263311
Ligação gratuita

Rua Teixeira Júnior, 441
São Cristóvão
20921-400 – Rio de Janeiro – RJ
Tel.: (0XX21) 3860-8422
Fax: (0XX21) 3860-8424

www.qualitymark.com.br
E-Mail: quality@qualitymark.com.br

Dados Técnicos

Formato: 16 X 23

Mancha: 12 x 19

Corpo: 11

Entrelinha: 13

Fonte: Book Antiqua

Total de Páginas: 192

Este livro foi impresso em 2005
nas oficinas da ParkGraf Editora Ltda.
Rua General Rondon, 1500 (Térreo) - Petrópolis - RJ - Tel.: (24) 2249-2500